아보다
크리스천 사업가를 위한 가이드

크리스천 사업가를 위한 가이드

아보다 AVODAH

HARRY KIM

더메이커

추천의 글

Harry Kim은 내가 아는 한, 최고의
BAMer이자 비즈니스 선교의 탁월한
전문가이다. 그의 신작 《아보다》는 많은
크리스천 사업가에게 큰 영향을 끼칠 것이다.

_ 테드 야마모리Dr. Ted Yamamori, 로잔 상임고문,
전 국제기아대책 총재, ICDM 대표, K-BAM 고문

《아보다》는 선한 사업을 추구하는 CBMC
멤버들에게 귀한 매뉴얼이 될 것이다.

_ 안정삼 회장 오찌모 텍스 창립자, 브라질 CBMC 초대 회장,
전 K-BAM 대표, 상파울루 거주

나는 그 동안 한국의 BAM 활동을 통해
Harry Kim과 함께 가까이 일 해 왔다. 내가
본 Harry Kim은 비즈니스 선교(사역)의
전체적인 그림을 볼 줄 아는 통찰력을 지닌
관찰자이자, 유능하고 헌신적인 BAM
사업가이다. 사상가이자 실질적인 사업가,
이 두 가지 면모를 다 갖추는 것이 여간
힘든 일이 아닌데도 말이다. Harry Kim은
《아보다》를 통하여 크리스천 사업의 이론적

기반을 다지는 것뿐만 아니라, 어쩌면 더
중요한, 비즈니스 선교에 참여하려는 사람들,
그리고 하나님의 영광을 위해 각각 다른
형태의 사업에 동참하고자 하는 이들을 위해
탁월하고 유용한 도구를 제공하고 있다.

_ **닐 존슨**Niel Johnson Hope Internation University 경영학 교수

비즈니스 세계에 하나님 나라가 임하기를
고대하는 CBMC 기독실업인에게 진정한
크리스천 사업가로 가는 길과 방향을
명확하게 제시한《아보다》는 귀한 길라잡이로
쓰일 것이다. 비즈니스와 선교에 일생을 바친
Harry Kim 목사의 영성과 통찰력에 탄복할
뿐이다.

_ **장재중** 필리핀 유니그룹 회장, K-BAM 대표, 마닐라 거주

크리스천 사업가와 크리스천 사업가가 되려는
분들이《아보다》를 읽고 마태복음 20장에
나오는 포도원 주인 같은 기업가가 되기를
바란다.

_ **김동호 목사**

크리스천 사업가가 사업 현장에서 어떻게
하나님과 이웃을 섬겨야 하는지를 구체적으로
제시해 주는《아보다》를 CBMC 멤버를
비롯한 모든 크리스천 사업가에게 추천한다.

_ **주명수 목사** 변호사

《아보다》는 그동안 사람들이 도저히
불가능하다고 말해 왔던 비즈니스와

선교(사역)가 성경적으로 얼마나 타당하며
실질적으로 어떻게 가능한지를 구체적으로
보여준다.

_ **제프 리** Jeffrey Lee SfK Life Corporation Chief executive officer,
태국 치앙마이 거주

《아보다》는 하나님 나라 가치관으로 변화된
예수님 제자로서의 크리스천 사업가가 어떻게
사업으로 하나님께 영광을 올리고 이웃을
섬기는 지를 구체적으로 보여주고 있다.
사업과 삶의 전 영역에 하나님의 나라가
이루어지기를 소망하는 분에게 강력히
추천한다.

상영규 선교사 필리핀 다바오 거주

나를 분주busyness하게 하는 말라카로부터
벗어나 일상을 여유 있고 규모 있게 나눔의
삶을 사는 비즈니스business인 아보다로 향하는
비밀을 밝혀내는 Harry Kim의 또 하나의
역작!

_ **김용재** VIVA Haiti Foundation President & Founder,
스페인 마드리드 거주

《아보다》는 우리 사회와 삶의 모든 영역을
지배하고 있는 말라카 시스템을 무너뜨리기
위해 크리스천 사업가가 전략적으로 얼마나,
또 어떻게 공격적이어야 하는지를 Harry
Kim의 탁월한 감각과 언어로 제시하고 있다.
크리스천 사업가의 안목과 지경을 넓히기
위한 책으로 《아보다》를 강추한다.

_ **권종섭** Noah Consulting 대표, 캐나다 워털루 거주

해외에서 사업하면서 크리스천 사업가의
소명과 사업의 영적 의미에 대해 늘 궁금해
하던 중 Harry Kim을 만난 것은 내게 큰
행운이었다. 그의 역작 〈크리스천 사업가와
BAM〉이 많은 갈등과 궁금증을 해결해
주었기 때문이다. 《아보다》 또한 나뿐만
아니라 올바른 사업비전과 미션을 가진
크리스천 사업가에게 대단히 유익한 지침서가
될 것이다.

_ **김병석** 아펙스 베트남 / 호넷 SNT 대표, 호치민 거주

'Sacred business'와 'Secular business'의 균형과
조화를 선지자적 통찰력과 Harry Kim 특유의
표현으로 맛깔스럽게 빚어낸 책 《아보다》는
모든 크리스천과 크리스천 사업가가 읽어야
할 지침서이다.

_ **문창선** 코나 인터네셔널 대표

전 세계적으로 자신의 사업을 하나님을
위한, 그리고 공공의 선을 위한 사역으로
변화시키는 크리스천 사업가가 늘어나고
있다. 《아보다》는 이러한 사역에 동참하려는
크리스천 사업가와 크리스천 사업가가 되려는
이들에게 매우 유용한 도움을 제공한다.

_ **매츠 튜네헥** Mats Tunehag 로잔 BAM 분과의 선임위원

Harry Kim은 비즈니스 미션을 통하여 알게
되었다. BAM 대회를 순비하며, 쭝님미

리더십 훈련을 위하여 교제하며 느낀 것은 Harry Kim은 크리스천 기업이나 BAM에 있어 목회자로서의 영성과 학자로서의 전문성, 그리고 사업가로서의 실천 능력을 두루 갖춘 보기 드문 사역자라는 것이다. 《아보다》는 그 모든 부분이 통합되어 있는 책으로 크리스천 사업가라면 꼭 읽어야 할 책이다.

_ 이준성 Fuller Theological Seminary 교수

《아보다》는 아보다로 살고자 하는 사람에게 지침이 될 수 있을 것이다.

_ 김병식 미국 샌타클라리타 거주

《아보다》는 크리스천 사업가의 영적, 사역적 갈증에 단비를 내려주는 책이다.

_ David Lee DK E&C 대표, 베트남 호치민 거주

비즈니스 선교에 관심을 가지고 여기저기 기웃거리다 만난 Harry Kim을 통해 많은 것을 배웠다 이번에 나온 《아보다》는 크리스천 사업가뿐만 아니라 비즈니스 선교와 자립 선교에 관심이 있는 선교사에게 꼭 필요한 책이다.

_ 이선재 호치민시 홍방국제 대학 교수, 호치민 거주

《아보다》는 이 시대의 크리스천이 왜 믿음의 반석 위에서 사업을 이끌어가야 하며, 그 나아갈 길의 뜻이 무엇인지 깨우쳐 주는 좋은 책이다.

_ 김종준 Sun Harvest Inc 대표, 필리핀 마카티 거주

《아보다》를 크리스천 비즈니스 개론 교과서로 소장하고자 한다. 내 주위에도 《아보다》가 필요한 분이 많을 것 같은데 한권씩 선물해야겠다.
_ Lucien Jinkwang Kim ○○어학원 대표, 인도 구르가온 거주

세상에 다양한 방법으로 사업하는 이들이 많고 그 중에는 크리스천도 많다. 그러나 영적 영향력을 가지고 사업하는 것은 다른 차원이다. Harry Kim의 《아보다》는 크리스천 사업의 목적과 방법, 크리스천 사업가의 정체성을 힘난한 사업의 현장에서 찾는 나와 같은 이들에게 좋은 가이드가 될 것이다.
_ 스테판 리 Stephen Lee 주영전자 부사장, 미국 캘리포니아 거주

《아보다》는 크리스천 사업가만을 위한 책은 아니다. 자본주의 사회 속에서 일하며 살아가는 모든 사람이 읽어야 할 책이다. 이 책을 통해 인생과 사업(일)을 어떻게 바라봐야 하고, 일터에서 사람과 사람의 관계를 어떻게 맺어야 하는지 등에 참된 지혜를 얻게 된다. 자신의 사업으로 하나님의 나라를 확장하기 원하는 크리스천 사업가뿐만 아니라 모든 크리스천에게 이 책을 추천한다.
_ 신혜성 와디즈 대표

감사의 글

크리스천 사업의 가이드를 제공하는
《아보다》는 다음과 같은 분들을 위해
집필하였다.

- 사업(일)과 신앙이 분리된 크리스천
- 성경적으로 사업(일)하기 원하는 사업가
- 자신의 사업(일)이 사역이자 선교이며 성직인 것을
  모르시는 분
- 성도들이 성경적으로 사업(일)하도록 인도하기
  원하는 목회자
- 비즈니스 선교에 관심이 있는 크리스천 사업가,
  신학생, 선교사, 목회자
- 자립 선교를 모색하는 선교사
- CBMC 멤버
- BAMer

〈아보다〉의 원고분량이 적지 않다. 누군가가
저자 뒤를 이어 이 영역에 실천적으로
헌신하거나 학문적으로 연구할 때 조금이라도
도움이 되라고 후주(後註)를 많이 달았기

때문이다.
추천사를 보내주신 테드 야마모리, 안정삼, 닐 존슨, 장재중, 김동호, 주명수, 제프 리, 상영규, 김용재, 권종섭, 김병석, 문창선, 메츄 튜네헥, 이준성, 김병식, 데이비드 리, 이선재, 김종준, 김진광, 신혜성 등과 사전주문으로 이 책의 출판에 힘을 실어 주신 장재중, 앤드류장, 에이미유, 박종구, 조원희, 제프리, 이승원, 이성철, 허영진, 한은경, 상영규, 이승훈, 이서하, 주대범, 임은자, 김진광, 이인수, 조선화, 이노아, 김병석. 전제광, 이기선, 김경훈, 대니얼김, 사무엘김, 이기헌, 배무성 등께 진심으로 감사드린다.

2017년 9월 1일
Harry Kim
(ichbam@gmail.com)

Contents

4   **추천의 글**

10   **감사의 글**

15   **1장. 크리스천 사업**

49   **2장. 크리스천 사업가**

73   **3장. 크리스천 사업가의 영적 무장**

105   **4장. 크리스천 사업가의 사명**

121   **5장. 크리스천 사업가에게 주시는 하나님의 능력들**

129   **6장. 철학, 원칙, 책임**

139	**7장. 사업은 관계이다**
151	**8장. 돈과 이익**
171	**9장. 실패와 성공**
195	**10장. 크리스천 사업가가 피해야 할 6가지**
205	**11장. 크리스천 사업가를 위한 10가지 도움말**
213	**부록. 크리스천 사업가의 21가지 사역 방법**

218	**참고도서**
221	**주석**

1장

크리스천 사업

국내외의 다양한 환경에서 수많은 형태와 규모로 사업을 하고 있는 크리스천들이 있다. 이들 대부분은 사무실에서 성경을 읽고, 찬양하며, 기도하기를 쉬지 않고 또 이익을 구제와 선교를 위해 기부하기도 한다. 그러나 이렇게 한다고 해서, 또 크리스천이 하는 사업이라고 해서 다 크리스천 사업 Christian Business 인 것은 아니다.

크리스천이 운영하는 사업

일반적으로 사업은 '이익을 목적으로 물건이나 용역(서비스)을 고객이나 다른 사업체에 합법적으로 생산, 판매하는 조직체나 활동'을 말한다. 이 조직체나 활동을 운영하는 이가 크리스천이면 이 사업은 크리스천이 운영하는 사업이다.

크리스천 사업

크리스천 사업은 사람들의 삶에 '진정한 영향력'을 미칠 만한 서비스와 제품을 가지고 그들에게 진정성 있게 다가가는 킹덤 비즈니스Kingdom Business이다.[1] 여기서 '진정한 영향력'이란 그리스도를 따르기로 헌신한 크리스천 사업가가 사업으로 세상의 소금과 빛이 될 때 발산되는 영적 영향력Kingdom Impact이다.

영적 영향력

자신이 운영하는 회사의 전체 직원이 크리스천이어서 회사 분위기가 참으로 은혜롭다고 말하는 크리스천 사업가들이 있다. 모든 직원이 크리스천이어서 회사의 분위기가 은혜롭다는 말이 자신들만의 문화를 즐기고 있다는 것인지, 그 시너지로 세상에 소금과 빛의 사명을 감당하고 있다는 말인지 알 수 없다.
오히려 크리스천이 차지하는 비율이 30% 정도가 넘어가면 크리스천들끼리 서로 갈등하고 편 가르기를 하여 회사 내의 크리스천 사이에 일치와 선교사역적 시너지를 기대하기가 힘들다고 한다.[2]
크리스천 사업은 종업원을 모두 크리스천화christianizing하는 것이 아니다. 사업 그 자체로 영적 영향력을 끼치는 것이다. 세상 사람들은 전 직원이 크리스천이 되어 예배하고, 기도하고, 큐티하고, 찬양하는 것에 관심이 없다. 세상 사람들은 크리스천의 바르고, 정직하고, 배려하는 삶과 회사의 정직한 운영, 탁월한 제품과 서비스에 집중한다.

저들은 왜 저렇게 진실하고 바르게 살고, 저 업체는 왜 저렇게 바르게 운영될까?

세상 사람들이 이런 궁금증을 가지고 크리스천 사업가와 크리스천 회사에 주목할 때 영적 영향력이 그들에게 스며든다. 영적 영향력을 발산하는 크리스천 사업체에는 다음과 같은 특징이 있다.

- 회사에 영향력 있는 그리스도인들이 있다.
- 생산품과 서비스가 하나님의 창조 목적과 부합한다.
- 사업 운영의 목적이 이익 추구를 넘어 하나님의 나라를 확장하는데 있다.
- 양질의 생산품과 서비스로 하나님 나라를 대변하며 주님을 전할 기회를 마련한다.
- 모든 고객을 존중하고 정중하게 대하며 이익 추구의 수단으로 여기지 않는다.
- 고용원과 사원들 각자가 지닌 능력과 가능성을 최대한 실현하도록 해주고, 그들이 그리스도인이라면 믿음, 소망, 사랑 안에서 일하도록 해준다.
- 비즈니스와 연관된 모든 분야들을 사역의 기회로 삼아 늘 기도한다.
- 기업이 형성한 문화는 하나님의 말씀과 하나님 나라의 사업 목적에 부합한다.
- 사업을 은혜 가운데 운영한다.
- 사업의 경영자들은 비즈니스 선교를 돌보고 고용원들의 복지를 책임지고, 고객과 주주를 섬기는 종이다. 크리스천 사업가는 경영자이기

이전에 하나님의 종이기 때문이다.[3]

크리스천 사업을 하려면

크리스천 사업을 하려면, 먼저 크리스천 사업가에 대한 이해가 필요하다. "크리스천 사업가가 헌신하는 것이지 사업이 헌신하는 것이 아니기 때문이다."[4]
크리스천 사업가는 다음의 네 가지 질문을 충족시켜야 한다.

- 구원받았는가?
- 그리스도의 제자가 되었는가?
- 패러다임 시프트가 일어나서, 돈과 권력과 관계로 인한 안전 중독에서 벗어나 주님 앞에 청지기로 서 있는가?
- 위의 세 가지를 통합하여 '사람들의 삶에 진정한 영향력을 미칠 만한 서비스와 제품을 가지고 그들에게 진정성 있게 다가가는' 사업 시스템을 만들어 낼 수 있는가?

이 네 가지 질문이 다 충족되어야 비로소 사업과 일터의 현징을 변화시키는 크리스천 사업을 감당할 수 있다. (이 네 개의 질문들에 대해서는 '2장, 크리스천 사업가'에서 상세히 다룬다.) 그렇다면 크리스천 사업은 어떠해야 하는가?

1 _ 크리스천 사업은 하나님을 영화롭게 해야 한다

오래 전 한국에서는 마약사범 제포렁이

내려서 전국적으로 수많은 마약 관련 범죄자들이 체포되었다. 그런데 한국 마약계의 대부로 불리던 두목이 잡히질 않았다. 당시 경찰에서는 두목을 검거하기 위해 총력을 기울이고 있었다.

그러던 어느 날 홍콩공항에서 두목이 검거되었다. 여러 일간지에 두목이 검거되어 김포공항으로 압송되어 들어오는 사진과 함께 그에 대한 기사가 실렸다. 그는 ○○교회의 교인으로 당시 건축 중인 건물의 공사비 부족으로 어려움을 겪던 그 교회에 거액의 헌금을 하여 건축을 마무리짓도록 한 인물이었다. 뿐만 아니라 그는 마약을 팔아 번 돈으로 수십 년간 가난한 이들을 돕고, 선교에도 상당한 금액을 후원하였다고 한다. 과연 이렇게 번 돈으로 헌금하고 기부하는 것을 하나님이 기뻐하실까?[5] 원료를 구하기 위해 자연을 파괴하고, 제품을 만드는 과정에서 물과 공기를 오염시키고, 과중한 업무로 직원들을 학대하고, 갑질하고, 가격 경쟁을 빌미로 합당하지 않은 원료를 사용하여 저질 제품을 만들어 내고, 제품을 파는 과정에서 유통업계에 부정적 관례를 만들고, 탈세를 하여 번 돈으로 기부하고 선교한다면, 과연 하나님이 기뻐하시겠는가? 이익의 대부분으로 봉사하고 선교하는 기업이라 해도 인권과 생명을 경시하거나 공익에 무관심하고 또 환경을 파괴해서는 하나님을 영화롭게 할 수 없다.

크리스천 사업은 하나님을 영화롭게 하는

사업이다. 이 사업을 위해서는 그 핵심에
하나님을 두어야 한다.

*나는 그리스도인이 하나님을 사업의 핵심에 두지
않으면서 어떻게 사업을 할 수 있는지 이해가 되지
않아요. (앤 베일러*Anne Beiler, ***앤티엔즈 프렛젤****Auntie Anne's
Pretzel [6]의 창업자)*

2_ 크리스천 사업은 아보다를 실현해야 한다

에덴동산에서 아담과 하와는 하나님이 주시는
네 가지가 축복을 누렸다. 첫째, 생존에 대한
모든 것이 공급되는 물질적 축복이고(창
1:28~29), 둘째는 이웃과 누리는 성숙한
관계의 축복이며(창 3:16), 셋째, 하나님께서
창조하신 그대로 유지되었기 때문에 누릴
수 있었던 환경적 축복이고(창 3:17~19),
마지막으로 하나님과의 친밀감을 누리는 영적
축복이다(창 3:23~24).
이 네 가지 축복이 완벽하게 조화를 이루고
있는 상태가 샬롬이고[7] 샬롬을[8] 유지하기
위한 노동이 '아보다Avodah'이다. [9]

아보다
아보다는 물질적인 축복을 나누는 일[10],
이웃과 사랑과 섬김을 주고받는 일[11], 환경을
지키는 일, 하나님을 섬기고 예배하는 일
등의 네 가지를 다 포함하고 있는 거룩한
일(사업)이다. 히브리어 아보다를 정확히

표현하는 영어단어는 없지만 그나마 적절한 단어가 서비스Service다.

히브리어로 아보다는 '서비스'를 뜻한다. 서비스란 말은 '어떤 사람의 종으로서 섬긴다'고 할 때도 사용되고, 기도, 예배service에서처럼 '하나님을 섬긴다'고 할 때도 사용된다. 영어에 오늘날까지 그 용법이 그대로 남아 있다. 그래서 기독교와 유대교 모두, 관용적 용법에 따라 교회나 회당의 '서비스'에 참석하는 것이다.[12]

아보다는 이웃을 섬기는 일이다.

말라카Melakah(에덴동산을 쫓겨난 아담이 오직 생존만을 위해 엉겅퀴와 투쟁하며 땀 흘려 했던 일)는 자기 자신을 위해 이웃을 아낌없이 이용하고 희생시키는 일이지만 아보다는 하나님과 이웃을 섬기는 일이다.[13]

아보다는 말라카를 멈추는 안식이다.

아보다('멈추어 안식일을 지켜라')를 하지 않으면 사람들은 말라카의 학대에서 벗어날 수 없다. 일주일에 하루도 쉬지 못하고 혹사당하는 직원들이 '일을 멈추고 쉬게 하도록 하는 일'이 아보다다.[14]

아보다는 '섬기다', '예배하다'이다.

아보다는 하나님을 섬기고 예배하는 것이다. "내 백성을 가게 하라 그들이 광야로 가서 나를 섬길 것이다"(출 8:2). 여기서 "그들이 나를 섬길(아보다) 것이다"는 '그들이 나를 예배할(아보다) 것이다'와 같은 뜻이다.

아보다는 말라카 확산을 막는 전쟁이다.
아보다는[15] 말라카의 확산을 막는 영적 전쟁이다. 하나님을 섬기고 예배하는 아보다가 인간을 섬기고 예배하는 말라카로 변질되는 것을 막아야 하고, 가정과 공동체, 사회와 국가에서 샬롬을 파괴하는 말라카를 막아야 하며, 말라카시스템에서 이용당하여 신음하는 이들을 구해야 한다.[16]

1) 말라카의 황폐함

신약성경에 의하면[17], 아버지에게 요구하여 받은 유산을 팔아[18] 데가볼리로 간[19] 탕자는 허랑방탕하며[20] 모든 재산을 탕진했다. 탕자는 들판에 나가 돼지 치는 일을 하며 그 먹이로 허기를 채우려 했지만 구할 수 없었다. 탕자는 늘 궁핍했고, 이웃으로부터 소외됐으며, 척박한 환경에서 아버지와 단절된 '총체적 난관'에 처했다.[21]
'총체적 난관'은 경제적, 사회적, 환경적, 영적인 원인 등이 얽혀져 있는 황폐함이다. 탕자가 처했던 황폐함은 범죄 후 에덴동산을 쫓겨난 아담과 하와가 처한 정글의 상황이자 21세기의 절박함과 다르지 않다.
말라카에 집중할수록 가난과 기아[22], 관계 단절, 환경 파괴, 하나님과의 친밀감 상실 등을 피할 수가 없다.[23] 환경이 파괴되고, 인간 존재가 하찮게 여겨지고, 노동자가 비인격적으로 취급되고, 경쟁이 약탈행위로 전락하고, 개발도상국이 착취를 당한다.[24] 이 황폐함으로 일자리가 대량으로 사라지고 있으며, 회사들이 일순간에 사라지고, 업종과 또 업계도 사라지고 있다.[25]

① **일자리가 사라진다.**[26]
통계청에 따르면 2016년 전체 실업률은 3.7%로 조사됐고 그 중 청년층 실업률은 9.8%로 전체 실업률보다 6.1%p 더 높았다.[27] 국가의 미래를 위해 일자리 창출이 매우 시급한 상황에서 있던 일자리들마저 사라지고 있다.
일자리가 사라지게 하는 원인으로서는 폐업[28], 대형마트와 인터넷 쇼핑몰의 등장[29], 제조원가가 낮은 지역으로 lower cost locations 옮기는 현상[30], 무어현상의 비극[31], 구조조정[32], 아웃소싱과 오프쇼어링 offshoring[33] 등이 있다. 이뿐만 아니다. 설상가상으로 '4차 산업혁명'이 몰고 올 실업의 문제는 보다 심각하다.[34]

② **회사가 사라진다.**
개성공단에서 제품을 생산해 수출하던 저자의 중학교 동창이 개성공단 사태로 인하여 모든 것을 날리고 고통의 세월을 보내고 있다. 또한 중국의 사드보복 등으로 580만 자영업자가 폐업의 위기에 처해 있다.[35] 이처럼 다양한 이유로 회사가 사라지고 있다.[36]

③ 업종과 업계가 한순간에 사라진다.
사진 필름, 플로피디스크 업종이 한 순간 사라져버렸다. 경쟁 때문에 사라진 것이 아니라 변화에 대처하지 못해 퇴출되었다. 또 업종이 선진국에서 후진국으로 이동해가기도 하고, 전혀 새로운 업종이 탄생하여 사라지는 업종도 많다.

④ 21세기 사업은 탕자가 처했던 황폐함과 다르지 않다.
탕자가 '아버지 없는 삶$^{Dadless\ Life}$'에 집착하여 비참한 말라카의 상황에 처했듯이, 21세기 사업의 현장은 '하나님 없는 삶$^{Godless\ Life}$'에 집착하여 말라카의 황폐함에 처하고 있다.

아버지 없는 삶은 의와 공의를 모르거나 알아도 신경을 쓰지 않으며 수단과 방법을 가리지 않고 돈과 이익을 추구하게 되었다. (권종섭, 캐나다 거주, 노아 컨설팅 대표)

아버지 없는 삶은 정직하지 않다. 정직한 방법이 아니라 편리하고 순간적으로 이로운 방법을 취한다. (이승훈, 엘에이 거주, 주영전자 부사장)

부정직과 세상과의 타협 이런 것들은 비즈니스의 본질인 아보다의 세계를 파괴시키는 결과를 가져온다. (Peter Kim, Nepal-Korea Skin Hospital &Medical Center CEO/Founder/Director)

2) 크리스천 사업은 아보다를 실현해야 한다.[37]

일자리와 기업과 업종과 업계가 사라지면 대량 실직을 양산한다. 실직은 가난, 가정 피괴, 어린이 노동과 매춘을 목적으로 하는 인신매매, 부정부패 등으로 이어진다. 크리스천 사업은 이러한 말라카의 문제들을 적극적으로 해결하도록 기업의 사회적 책임CSR을 다하고, 더 나아가 영적 책임을 성취해야 한다. '기업의 사회적 책임+영적 책임'은 크리스천 사업의 목표이자 말라카의 모든 영역을 아보다 하는 사역(선교)이다.

> **말라궤타는 단 한 명의 직원도 해고하지 않겠습니다.**
>
> 브라질 지우마 호세프 대통령의 탄핵으로 이어진 정치적 위기와 경제 위기는 2013년 중반에 시작하여 2017년 현재까지 계속되고 있다. 2015년 급여 수준의 하락, 신용의 제약, 기준금리의 상승으로 인해 브라질의 GDP는 3.9%까지 떨어졌고 2016년에는 3.6%까지 떨어졌다.(위키백과)
> 이로 인해 행정 마비사태도 현실화되면서 여권 발급 업무는 잠정 중단됐고, 고속도로 순찰활동이 대폭 축소되는 등 공공부문의 서비스 제공도 위협받고 있다. 2017년 2월에 발표한 세계은행의 보고서에 의하면, 브라질은 경제침체로 올해(2017년) 말까지

360만 명이 월 소득 약 4만8500원(환화) 미만의 빈곤층으로 전락할 수 있다고 지적했다.[38] 1931년에 2년 연속으로 GDP가 하락한 이후 최악의 경제 침체로 인한 대량 실직사태 등으로 브라질 서민들이 극심한 고통을 당하고 있을 때 상파울루의 의류사업체인 말라궤타Malagueta는 자사 매장에 이런 글을 써 붙였다.

"경제적 어려움을 당하고 있는 여러분의 고통에 동참하기 위해 말라퀘타는 모든 제품을 30% 할인합니다. 그리고 말라궤타는 어떤 일이 있어도 단 한명의 직원도 해고하지 않겠습니다. 말라궤타가 직원들을 해고하지 않도록 응원해 주시기 바랍니다."

불황 속에서도 이 회사의 제품은 날개 돋친 듯 팔렸고, 결국 말라궤타는 단 한 명의 직원도 해고하지 않았다.
말라궤타는 지난 10여 년간 자사의 제품이 만들어질 때마다 한 제품당 소정의 액수를 소아암 치료를 위해 기부해 왔다. 이로 인해 말라퀴타는 상파울루 시로부터 상장을 받았다.

크리스천 사업은 다음과 같은 12개의 영역에서 아보다를 실천해야 한다.

① 정의를 실현해야 한다.
2017년 7월 중순 모기업의 회장이 운전사에게

폭언한 사실이 알려지면서 기업가의 갑질이 화두가 되더니 곧이어 유명 프랜차이즈의 창업주가 가맹주들에게 갑질과 보복 영업을 서슴지 않는 등 파렴치한 짓을 해 구속 기소되었다. 이와 같이 갑질뿐만 아니라 부패, 노동착취, 그리고 부랑인, 새터민, 출소자, 난민, 이민자 등과 같이 취약한 사람들에 대한 학대 등의 불의가 명백히 드러나는 곳이 사업이다. 하나님께서는 사업 현장에서 불의가 사라지고 정의가 살아나기를 명하신다.

정직한 사업을 추구하고, 직원들을 보호하고 존중하는 것 역시 아보다. 고객들과 직원, 납품업자들을 잘 대하고 부패와 뇌물과 투쟁하는 등 사업을 통해 정의를 세워가는 것도 아보다이다.

② **참 종교를 구현해야 한다.**
인신매매범들은 홀로 있는 어린아이들을 노리고, 교활한 이들은 혼자된 여성들을 매춘에 끌어들인다. 진정한 예배는 고아와 홀로된 여성을 돌보는 것이다(약 1:27). 이들뿐만 아니라 난민, 출소자, 새터민 등도 사회에서 경쟁력을 확보하기에는 매우 취약한 이들이다. 크리스천 사업은 고아와 홀로된 여성들, 난민, 출소자, 새터민들에게 선한 일자리를 제공해 주어서, 이들이 자신과 타인을 부양할 수 있는 미래를 제공해 주어야 한다.

③ **샬롬을 실현해야 한다.**
샬롬은 선하고 조화를 이루는 성숙한 관계의 결과이다. 아담의 범죄로 인해 이 샬롬의 관계가 파괴되었다. 하나님과 이웃 그리고 피조물들과의 관계를 회복하고 샬롬을 되찾는 것이 크리스천 사업의 사명이다.[39]

④ **청지기의 사명을 감당해야 한다.**
크리스천 사업은 내부적으로는 직원과 투자자들을 섬기고, 외부적으로는 고객들을 섬기며, 탁월한 제품과 서비스를 제공하며, 공공의 선을[40] 위해 협력하고, 청지기의 사명을 수행해야 한다.[41] 크리스천 사업의 청지기 사명은 다음과 같다.

궁핍한 자들에게 일자리를 제공하여 경제적 궁핍에서 벗어나게 하고, 사람들의 삶의 질을 높일 수 있는 심리적, 정서적, 교육적, 의학적, 친자연적 환경을 제공하며, 사람들이 바른 관계를 맺고 유지 발전시킬 수 있도록 서로 신뢰할 수 있는 공동체적, 사회적 환경을 조성하고, 이들이 하나님과의 관계를 맺을 뿐만 아니라 하나님과 보다 친밀한 관계로 발전하도록 영적 환경을 제공하는 것이다.[42]

⑤ **종의 리더십으로 섬겨야 한다.**
예수님은 섬기러 오셨다. 주님은 선하고 경건한 리더십의 모범이다. 예수님을 따르는 사업을 한다는 것은 사업 그 자체가 섬기는 리더십이 될 때 가능하다.

⑥ **인간의 존엄성을 회복시켜야 한다.**
실직하여 가족을 부양하지 못하는 것은 인간 존엄성의 상실이다. 사람들로 하여금 일을 하게 하고, 존엄성을 가지고 일자리를 제공하는 것은 신성한 행위이다. 크리스천 사업은 인간의 존엄성을 회복시켜야 한다.

⑦ **화해를 이루어야 한다.**
깨어진 관계와 갈등이 흔한 사업 현장에는 크리스천 사업은 화해의 대사로 화해를 위한 토론의 장을 제공할 수 있으며 인종적, 종교적 분리들을 연결하는 가교가 될 수 있다.

⑧ **피조물을 돌보아야 한다.**
하나님께서는 세상을 창조하시면서 매일 평가를 하셨다. 당신의 창조물에 대하여 품질 관리를 하신 것이다. 창조물에 대한 하나님의 평가는 "보기 좋았더라"였다(창 1:18, 25). 하나님께선 당신의 창조물을 관리하고 돌보도록 청지기 역할을 크리스천 사업가에게 맡기셨다. 하나님처럼, 크리스천 사업가는 물질적 영역에서 창조적 존재인 것을 기뻐하며 사람과 피조물들에게 선한 제품과 서비스를 제공할 수 있고, 또 제공해야 한다.

⑨ **이웃 사랑을 실천해야 한다.**
이웃을 사랑하는 것은 성경의 명령이다. 사업은 사람을 섬길 수 있으며 또 섬겨야만 하고, 아울러 사람들의 다양한 필요를 해결해

주어야 한다. 예를 들면 '실업'은 영양결핍, 기아, 노숙, 인신매매, 질병, 치료기회 제한 등과 또한 부채와 범죄의 원인이 된다. 따라서 일자리 제공은 이러한 비참한 상황들을 줄이고 예방할 수 있다. 사업을 통해 이웃의 삶의 질을 높이는 것 역시 이웃 사랑이다.

⑩ **지상명령을 이루어야 한다.**
"예루살렘과 유다와 사마리아와 땅 끝까지"(행 1:8) 특별히 경제적, 사회적, 영적으로 어둡고 도움이 필요한 지역에서 영적 영향력을 끼치는 일은 크리스천 사업이 감당해야 할 몫이다.

⑪ **그리스도의 몸을 이루어야 한다.**
크리스천 사업가들은 전문성과 탁월함과 성실함으로 소명을 발휘하도록 서로 격려해야 한다. 크리스천 사업가들은 사업으로 서로를 섬기며 그리스도의 몸을 이루고 있기 때문이다.

구두 수선공, 대장장이, 농부, 이들은 각자의 일이 있고 나름의 직책이 있다. 그들 모두는 성직임명을 받은 신부와 주교와 같으며, 그 자신을 일과 직책으로 서로에게 유익을 주고 섬기고 있다. 몸의 모든 지체가 서로 서로 섬기듯이, 이런 식으로 공동체의 육체적(물질적)이며 영적인 복지를 위해 많은 종류의 일들이 행해지고 있다. (마틴 루터)

⑫ **하나님께 영광을 올려야 한다.**
크리스쳔은 자신의 삶으로, 가정은 가족의 하나 된 사랑으로 그리고 교회는 공동체의 선교 시너지 missional synergy로 하나님께 영광을 올려드려야 한다. 기업 역시, 사업으로 하나님께 영광을 올려야 한다.
미국의 대표적인 크리스쳔 기업으로 사업현장을 '선교의 플렛폼 platform for ministry'으로 변화시키는 아메리칸 델파이 American Delphi의 최종 목적은 하나님의 영광을 올려드리는 것이다.

아메리칸 델파이는 우리가 섬기는 이 업계 내 고객들에게 질 좋은 제품과 아무도 따라올 수 없는 서비스로 헌신할 것이다. 우리는 사업의 모든 영역에서 예수님을 대변하는 자들로서 성경의 원칙과 도덕, 그리고 윤리를 준수할 것이다. 그렇게 함으로써 우리는 우리의 직원, 공급업체, 그리고 고객들을 존중할 것이며 이 모든 것을 하나님의 영광을 위해 할 것이다.[43]

사업이 하나님께 영광을 올리기 위해서 고객들에게 탁월한 제품과 서비스를 제공해야 하며, 사업의 모든 영역에서 예수님을 대변하는 자들로서 성경의 원칙과 도덕, 그리고 윤리를 준수해야 하고 그렇게 함으로써 종업원과 공급업체와 고객들을 존중해야 한다.

3) 아보다의 실현은 무엇보다 하나님의 자녀를 섬기고 보호한다

① 하나님의 백성들에게 필요한 것들을 공급한다.

저희 식당에서는 최고의 재료를 사용하여 최고의 웰빙 음식을 제공합니다. 신선하지 않으면 바로 버리는데 다행이도 손님이 많아서 재고가 없습니다. 주님의 은혜라고 생각합니다. (전석현 대표, 불란서 툴루즈에서 한식당 Boli cafe 운영)

크리스천 사업은 함께com 빵pany을 나누어 먹는 일이고, 이를 위한 조직이 공동체였고, 이 공동체가 기능적으로 특화된 것이 회사company요 기업이다.[44] 이런 정신에 입각해서 미국 초기의 사업가들이 사업을 시작하고 운영했다.
하나님께서 크리스천 사업을 통하여 하나님의 백성들에게 좋은 것으로 먹이고, 입히고, 웰빙하게 하신다. 그런데 어떻게 신선하지 않은 재료로 음식을 만들며, 화학조미료와 방부제를 첨가할 수 있으며, 또 농산물에 농약을 칠 수 있단 말인가? 어떻게 아이들의 장난감을 유해한 성분으로 만들 수 있으며, 저울을 속이고, 폭리를 취할 수 있단 말인가? 크리스천 사업은 하나님의 자녀들에게 최고의 제품과 서비스를 공급하는 사역이다.[45]

② 이웃의 필요를 해결한다.
사업과 섬김 그리고 사역, 이 세 단어의

어원은 "각 사람의 필요를 해결해 주는 것"이다(행 2:45b). 사업이 섬김이며[46] 사역이다.[47] 크리스천 사업은 이웃의 어려움을 해결해야 하되 그들의 숨겨진 근원적인 필요 latent need 까지도 파악하고 도와주는 사역이어야 한다.[48]

③ 일자리를 창출한다.

시카고 인근에 'I Have A Bean(www.ihaveabean.com)' 이라는 커피 로스팅 회사가 있다. 'I Have A Bean'은 출소자들을 훈련시켜 고용하고, 이들에게 제 2의 삶의 기회와 꿈을 가지게 하고 있다. 회사의 설립부터 출소자들과 그들의 가족의 삶, 그리고 지역 공동체에 긍정적인 영향을 끼치고자 한 것이다. 미국 위튼 근교의 로스팅 회사로 시작하여 이제는 근방의 카페도 운영하고 있으며 다른 카페 및 업체들과도 좋은 협력관계를 지속적으로 만들어가고 있다.

가난한 사람들이 원하는 것은 원조가 아니라 일자리다. 가난한 이들이 일자리를 얻는 것은 존엄성을 되찾는 것이며 스스로 삶을 꾸려갈 수 있음을 뜻한다.[49] 일자리 창출은 크리스천 사업이 할 수 있는 가장 가치 있는 일 중 하나이다.

이 가치를 실천하는 장재중(필리핀 유니그룹 Uni Group의 창립자, IT.Corea Inc Chairman, K-BAM 대표) 회장은 다음과 같이 말한다.

참으로 사업을 통한 귀한 사역을 주신 주님께

감사드립니다. 일자리가 있느냐 없느냐에 따라 하나님이 주신 한 가족이 기쁨 혹은 어려움의 공동체로 변화되는 것을 많이 봅니다. 일자리 창출이 얼마나 귀한 일인지…. 허기진 뱃속에 사상을 심기는 어려운 일입니다. 배를 채워주는 일이 우선되고 그 다음 생각을 채워주어야 하지 않을까요?

④ 가난을 퇴치한다.
세계에서 가장 부유한 세 사람의 재산이 가장 가난한 48개 나라의 GNP를 합친 것보다 더 많으며 세계에서 가장 부유한 20%가 모든 재화와 서비스의 86%를 소비하는 반면, 가장 가난한 20%는 모든 재화와 서비스의 1.3%만을 소비한다.[50] 이렇게 부익부 빈익빈 현상이 최악에 이른 시대에 사업은 "가난한 자에게 다음 끼니를 제공할 뿐더러 새로운 부를 창출하게 함으로써 가난을 극복하게 돕는 최상의 장기 전략"[51]이며 "가난을 없애는 일은 모든 인류의 사명이자 사역"[52]이며, "가장 고상한 소명이다."[53] 크리스천 사업은 주변에 가난으로 고통받는 이들을 살펴 섬기고, 가난을 퇴치해야 한다.

크리스천 사업가라면 내 이웃과 그 공동체의 가난을 퇴치하는 사역을 운명으로 알아야 한다. 세계의 빈곤을 가장 오랜 기간 동안 해결하고 있는 것은 사업이다. 사업이 제품을 생산하고, 일자리를 창출하기 때문이다. 세계의 빈곤에 대한 장기적인

*해결책은 생산적이고, 이익을 남기는 사업을
시작하고 건사함으로써 이루어질 것이라 믿는다.*[54]

⑤ 인신매매와 학대를 적극적으로 해결한다.
인신매매는 악이다. 크리스천 사업은
여자들과 아이들을 노예로 또 매춘의
상대로 강제 매매하는 인신매매와 난민과
불법입국자에 대한 학대를 적극적으로
해결해야 한다.

Boise Fry Company(BFC)

하나님이 세상을 창조하셨을 때 에덴동산은 물질적 풍요로움과 건강한 관계, 완벽한 환경, 그리고 하나님과의 친밀감의 축복의 장이었다. 그런데 아담의 범죄 후 세상은 물질적 풍요로움이 사라졌으며, 관계파괴와 환경오염, 그리고 하나님과의 친밀감 상실로 범벅된 정글이 되었다. 그 결과로 모든 인간은 정원의 법칙이 아닌, 정글의 법칙으로 생존해야만 한다. 정글의 법칙은 인간에게 끝없는 노동과 땀을 요구하지만 그러면 인간의 생존에는 별 문제가 없다는 것인가? 결코 그렇지 않다. 엉겅퀴를 제거하고 식물을 심는 과정에서 토양이 흙으로 변한다. 토양이 식물의 재배가 가능한 영양소가 있는 땅이라면, 흙은 재배가 불가능한 땅이라는 것이다. 토양의 그 효력을 상실한 것이다(창 4:12).

결국 우리는 우리 몸에 절대적으로 해로운 화학 비료와 농약의 힘으로 키워진 식물을 먹는 불행에 처한 것이다. 그리스도인은 누구라도 흙을 토양으로 회복시켜, 토양에서 자란 식물을 먹는 축복을 누려야 한다. 이는 참으로 귀중한 사역인 것이다.

지구의 한 모퉁이에서 에덴을 회복시키는 사역을 감당하는 블레이크 링글Blake Ringle의 BFC가 있다. 링글은 아이다호 보이즈에 BFC라는[55] 햄버거 식당을 시작하였다. BFC의 목적은 첫째, 최고의 프라이와 버거를 만드는 것이고, 두번 째는 그리스도와 자신과의 관계를 반영하는 윤리적 사업을 운영하는 것이다. 이는 가난한 이들을 돕고, 지구를 보호하고, 직원들과 고객들을 그리스도께서 그들을 대하실 것처럼 그렇게 대하는 것을 말한다. 난민은 미국에서 가장 가난한 자들의 일군(一群)을 이루고 있는 지위를 박탈당한 이들이다. 미국 입국 후 미국 정부가 몇 달 동안 제공하는 원조가 끝나면, 이들은 일자리를 찾아야 하는데, 그렇지 못할 경우 매우 심각한 상황에 직면하게 된다. 이 사실을 알게 된 링글은 이 절핍한 이들을 찾아 직업 훈련을 시켜 BFC에 고용시켰다. BFC는 하나님이 창조하신 환경에 대한 부정적 영향을 최소화시키는 노력을 아끼지 않는다. 서비스업은 큰 오염원이다. 특히 음식을 만드는 식당에서 나오는 쓰레기는 심각하다. BFC를 시작하면서 링글은 미국에서 거의 없는 100% 그린 레스토랑 중 하나가 되고자, 환경을 파괴하지 않으며 미생물분해가 가능한 유기농 제품만을 구입하기로 결단을 내렸다. BFC가 사용하는 그린 제품과 시설의 일부는 다음과 같다. 미생물 분해가 되는 프라이콘, 냅킨, 고객이 음료수를 담아 가는 컵, 에너지 효율이 높은 냉동고와 냉장고, 저전력 에너지 효율 전구 등등. 쓰다가 남는 감자는 더 많은 감자를 키우는 데 재활용하고, 폐유는 자동차 연료로 재활용한다.

BFC는 지구가 건강해야 우리의 몸이 건강하다고 믿는다. 화공약품과 식품첨가제, 또 농약을 사용하는 현대 농법은 '완벽하게 좋은 식품'에서 영양분을 없앤다. 이런 식품이 결국은 건강치 못한 음식이 된다. 영양제와 방부제는 비만의 원인을 제공한다. 그래서 BFC는, 그 가격이 적당하면, 지역에서 생산되는 유기농 음식을 구입한다. 또 방부제 사용을 줄이기 위해 모든 음식은 집에서 준비한다.

가격을 낮추기 위해 불필요한 재료와 지방을 없앴다. BFC의 프라이^{fry}에는 감자와 땅콩유만 들어간다. 특히 기름을 많이 쓰게 되는 감자 프라이의 경우, 하버드대학 보고서를 참조하여, 그중 가장 무해한 기름을 사용한다. 그러나 다른 식당의 패스트푸드 프라이에는 어느 정도의 경화유와 밀, 유제품, 방부제, 거품방지제, 포도당, 소금과 같은 재료들이 들어간다.

> BFC는 지구의 한 모퉁이에서 말라카의
> 정글을 아보다의 정원으로 변화시키는
> 크리스천 사업이다.[56]

3 _ 크리스천 사업은 탁월함을 추구해야 한다

> *교회가 총명한 목수를 대하는 걸 보면, 보통은
> 취하도록 술을 들이키지 말고, 여유 시간에
> 망나니짓을 하지 않으며, 주일마다 꼬박꼬박 예배에
> 출석하라고 타이르는 게 고작이다. 하지만 교회가
> 해 주어야 할 얘기는 따로 있다. 신앙을 좇아 살려면
> 무엇보다 훌륭한 탁자를 만드는 게 우선이라고
> 가르쳐야 한다.*[57] *(도로시 세이어즈)*

제품의 품질과 서비스가 다른 기업보다 우수하다고 해서, 상대적으로 탈세를 적게 했다고 해서 탁월한 것은 아니다. 사업에 성공했더라도 이익을 얻는 과정이 비윤리적이었다면 탁월하다고 할 수 없다. 마찬가지로 윤리적으로 기업을 경영하기는 했으나 그 과정 중에 창의력과 열정이 없어 고객의 관심을 끌 수 없었고, 이익을 내지 못했다면 이 역시 탁월한 사업이 아니다. 크리스천 사업이 모든 영역에서 탁월해야 하는 분명한 이유는 고객의 삶의 질을 높이기 위해서이다. 몇 년 전 나는 C지역에서 성공한 사업가인 마 사장의 사업체를 방문했다. "이 곳에서 우리 회사의 제품과 서비스가

최고입니다." 마 사장은 말했다. "이렇게 사업 환경이 척박한 지역에서 최고의 제품과 서비스를 제공하신다니 정말 대단하십니다." 나는 말을 이었다. "이제부터는 세계 최고의 제품과 서비스를 제공하기 위해 최고의 노력을 기울이시면 어떨까요. 세계 최고가 되면 하나님께서는 이 회사의 제품과 서비스로 더 많은 이들을 섬기시며 그들의 삶의 질을 높이실 것입니다."
크리스천 사업가는 고객들에게 최고의 품질과 서비스를 제공해 삶의 질을 높여야 한다. 최고 품질의 제품과 서비스를 제공하는 탁월한 사업은 최고의 사역이자 선교로 하나님을 영화롭게 하는 것이다.

네-코 피부과 전문병원 Nepal-Korea Skin Hospital & Medical Center

일반적으로 선교사들이 운영하는 의료사역은 가난한 자, 소외된 자를 대상으로 한다. 우리 Peter Kim - Sarah Jang 부부는 가난한 자, 소외된 자를 대상으로 의료사역을 하기 위해 8년 가까이 네팔 지역을 리서치를 했다. 한국에서 레이저 시술 전문가였던 내 Peter Kim 경험을 살려 피부과 병원을 시작하기로 했다. 피부과는 최소 자본을 투자하여 큰 효율을 이룰 수 있는 분야이기도 하다. 가난한 자, 소외된 자들과 나환자를 비롯해 많은 피부과 질환들을 가진 사람에게 의료적 접근을 통해 그리스도의 사랑을 나누고자

하는 전략을 가지고 2001년 카트만두에서 빈민촌 부근에 3평짜리 방 두 칸을 임차해서 네-코 피부병원Nepal-Korea Skin Hospital을 개원했다.

개원 2,3년이 지나면서 외국병원이라는 인식이 널리 퍼지자 다른 유형의 환자들이 병원을 찾았다. 그동안은 주로 피부 질환이 있는 환자들이 병원을 찾았는데, 외국 문화와 지식을 접한 이들이 피부미용을 목적으로 병원을 찾는 경우가 점차 늘어났다.

이때 우리는 가난한 자, 소외된 자들과 나환자를 비롯해 많은 피부 질환을 가진 이들에게 의료적 접근을 통해 그리스도의 사랑을 나누자는 전략을, 병원을 찾아오는 이들의 '의료적 필요를 해결해 주면서(행 2:45) 이들의 삶의 질을 높이며 그리스도의 사랑을 나누는 전략으로 수정하였다. 이에 맞게 시설을 확장하고 피부미용 선진국인 한국식 병원시설을 도입하였다.

네팔의 최고의 시설을 갖춘 피부과 전문병원으로 출발하게 된 네-코 피부과 전문병원Nepal-Korea Skin Hospital & Medical Center이 최고의 시설과 한국의 선진 의료기술 연수를 통해 습득한 최고의 의료기술로 운영되면서 현지 의료계의 중추적 역할을 감당하게 되었다. 또 환자들과 지속적인 신뢰를 통해 정직한 병원, 믿을 수 있는 병원으로, 최상의 서비스를 제공하는 병원으로 인식되었다. 더 나아가 가난하고 소외된 자로부터 부유층과 사회지도층에 이르기까지 신뢰를 주고받는 관계가 형성되었다. 이로 인해 사기와 자부심이 고조된 직원들은 진심에서 우러나는 친절함으로 환자를 섬겼다.
현재 네-코 피부과 전문병원은 네팔의 최초 피부과 전문병원으로 최고의 의사가 되기를 원하는 네팔인 의사들이 연수를 받고 있으며 많은 의사들이 연수를 받기 위해 대기 중인 상태이다. 네-코 피부과 전문병원은 자립하고 있으며 수익은 운영비와 그외 이웃을 돌보는 다양한 공익 사역에 투자하고 이다.
Peter Kim과 Sarah Jang 부부는 현재 일곱 개의 누리 카페Nuri Caffe를 운영하고 있다. 자신들이 20년 이상 운영하고 있는 고아원에서 고등학교를 졸업하고 사회로 진출하는 청년들과 편부, 편모에게서 자란 청년들에게 바리스타 교육을 시켜 카페 누리의 바리스타로 고용하고 있다.
Peter Kim-Sarah Jang 부부는 3년 전에 네-코 어학센터NeKo Language Center을 개원하여 네팔 청년들에게 한국어를 가르치고 있다. 네-코 어학센터에서 연간 150명의 청년들이 한국어를 배우고 있다. 네팔인들이 한국에서 직업을 가지기 위해서는 반드시 통과해야 하는 한국어 시험에 거의 전원이 합격한다. 이들 대부분이 한국에서 일하고 있다.

4_ 크리스천 사업은 영적 자본을 축적해야 한다[58]

한국 학생들은 장학금을 받기 위해 집요합니다. 장학금을 받은 학생 중 일부가 타고 다니는 차를 보면 '그들에게 장학금을 제공한 학교가 잘한 것인가'를 생각하게 됩니다. 한국 학생들에게 제공하는 장학금은 미국인들이 축적해 놓은 영적 자본입니다. 이 영적 자본을 소비한 한국 학생들은, 어느 때가 되면 영적 자산 축적에 어느 정도는 기여해야 합니다. 그런데 학부모든, 졸업생이든 학교에 기부하는 이들이 거의 없습니다.[59]
이 학생들은 이 학교가 그토록 강조하는 섬김과 나눔을 실천하지 않습니다. 그동안 이 학생들이 우리 학교에서 무엇을 배워간 것인지를 다시금 생각해 보지 않을 수 없습니다. (미국의 한 대학의 장학금 담당자)

영적 자본은 "하나님이 보시기에 올바른 일을 하는 데에 대한 믿음, 신뢰, 그리고 헌신을 의미하며 온전하고, 책임감 있고, 정직하고, 희망을 주고, 사랑하고, 믿을 만하고, 선한 청지기 정신을 실현하고, 공평하고, 정의와 질서를 창출하고, 충실하고, 남들을 섬기는 것이다."[60]
영적 자본이 많이 축적된 국가일수록 무형 자본이 많다. 대개가 기독교 국가들인 선진국의 경우, 이 무형 자본이 국가 총자산의 80% 이상에 이른다.[61] 영적 자본이 많은 곳에서는 거래비용이 낮다. 이는 경제의 개발, 성공, 그리고 문화에 큰 영향을 끼친다.

반면 영적 자본이 없는 국가는 바가지, 폭리, 상품의 품질에 대한 불신 등 거래비용이 대단히 높다.

영적 자본은 영적 문화를 만들어 낸다. 영적 자본이 없는 국가는 말라카 문화가 극에 이르고 있다. 선한 사업으로 영적 자본을 축적하여 말라카 문화를 몰아내고 아보다 문화를 만들어야 한다. 이는 크리스천 사업의 사명이다.

올바른 일을 최선을 다해 함으로써 영적 자산을 형성하는 사람은 자신의 일을 '주께 하듯' 하는 사람이며, 그런 사람이야말로 사회의 기준이 아닌 하나님의 기준을 따라 일한다. (켄 엘드레드) [62]

그러므로 크리스천 사업은 평판이 좋아야 한다. 평판이 좋지 않은 사업은 일시적으로 수익을 올릴 수는 있으나 장기적으로는 문을 닫아야 한다. 장기적 생존과 성공을 위해서 크리스천 사업은 제품, 서비스, 용역, 좋은 작업 환경과 복지, 성실, 정직, 공평함으로 좋은 평판을 얻어야 한다. 평판을 얻지 못하면 영적 자본을 축적하지 못한다.

5_ 크리스천 사업은 기업의 사회적 책임을 감당해야 한다

1980년대 미국 기업들의 스캔들에 최고의 비즈니스 스쿨 졸업자들이 연루되어 있는 것을 보고 전 SEC 회장인 존 사드 John Shad 는 경악을 금치 못했다. 그는 자신이 졸업한 하버드 비즈니스 스쿨에 윤리 프로그램을 설치하라며 2,000만불을 기부했다. 학교에서는 위원회를 구성하고, 그중 25만불을 들여 윤리를 정의하고, 무엇을 가르쳐야 하는지를 정하도록 했다. 몇 달간 위원회는 논의를 계속하였고, 마지막 모임에서 위원들은 다음과 같은 결론에 의견을 모았다.

첫째, 하버드 비즈니스 스쿨은 학문을 가르치는 곳이지 윤리를 가르치는 곳이 아니다.
둘째, 누구의 윤리, 어떤 가치를 가르쳐야 한다는 말인가?
셋째, 학생들은 이미 집이나 교회에서 윤리를 배워온 성년들이니, 윤리를 가르칠 필요가 없다.

위원회가 끝난 후, 이 프로젝트는 중단되었다.[63] 이렇듯 말라카의 환경에서 윤리경영은 사업가들의 관심 밖인 경우가 대부분이었다.
그러나 20세기 중후반부터 윤리경영을 포함한 기업의 사회적 책임에 대한 관심이 높아졌다. 기업의 사회적 책임이란 "기업이 생산 및 영업활동을 하면서 환경경영[64], 윤리경영, 사회공헌과 노동자를 비롯한 지역사회 등 사회 전체의 이익을 동시에 추구하며, 그에 따라 의사 결정 및 활동을 하는 것을 말한다."[65]

이에 대한 적절한 예가 되는 회사 중 하나가 톰 오브 메인 Tom's of Maine, www.tomsofmaine.com 이다. 다음은 이 회사의 사명 선언문 중 일부이다.

항상 고객과 직원을 섬기며, 안전하고 깨끗한 제품을 제공해 지역사회에 공헌하고, 나아가 깨끗하고 아름다운 세상을 만드는 데 기여한다. 아울러 사회나 환경 친화적인 방법으로 회사의 이익을 창출하는 윤리경영을 한다."[66]

우리나라도 임시직을 전원 정규직으로 전환한다거나, 상속세 등의 납세의 모범이 된다거나, 사업의 목표를 공익에 두고 기업의 사회적 책임을 잘 감당하는 기업들이 많아지고 있다.

법무법인 D'LIGHT(www.dlightlaw.com)

디'라이트의 우선순위는 공익(사회적 기여)이며 이를 위해서 (수익이 아닌) 매출의 일부를 공익을 위해서 쓰고 법인 차원의 공익활동을 하고 모든 구성원의 공익활동을 의무화하고 있다. 현재는 장애나 난민 분야의 공익활동을 주로 하고 있지만 앞으로 확대해갈 예정이다. 디'라이트의 미션 중 하나는 윤리적으로 일하고 적정한 이익을 추구하는 것이다.

D'LIGHT는 누군가의 꿈dream에 빛light을 비춘다는 의미입니다. 기술/엔터테인먼트 기업의 소송/자문과 공익에 방향을 두고 섬깁니다. 고객들을 위해서, 사회의 그늘진 곳을 위해서 최고의 서비스를 제공하고 있습니다. (조원희, 변호사, '디라이트' 대표)

6 _ 크리스천 사업은 하나님의 나라를 확장해야 한다

사업을 통해 하나님의 나라를 확장하는 사업체 중 하나가 미국의 대표적인 크리스천 사업체인 유에스 플라스틱사U.S. Plastics Company이다. 유에스 플라스틱사와 자회사인 U.S Plastic Corporation는 복음을 전하기 위해 연간 3백만 달러를 사용했으며 60년 이상 제품과 카탈로그 배송 시 복음 메시지를 함께 보내고 있다.

자회사 공장의 바로 옆에 세워진 큰 광고판은 북 오하이오의 75번 고속도로를 지나는 모든 관광객들의 눈에 쉽게 띄는 곳에 세워져 있는데, 광고판에는 "그리스도가 바로 답입니다"라는 문구가 적혀 있다.

회사의 중역들은 매주 모여 함께 기도하고 영적으로 서로를 북돋는 모임을 갖는다. 매년 크리스마스 파티 때에는 하나님께 헌신하는 삶이란 무엇인가에 관해서 이야기하고 파티에 참석한 직원들과 손님들의 삶을 구세주께 드릴 수 있는 기회를 제공한다.[67]

7 _ 크리스천 사업은 총체적 사역(선교)이다

크리스천 사업은 이익을 추구하는 그 이상으로 총체적 사역(선교)이다.[68] '2004 로잔 보고서'에 의하면, 크리스천 사업은 '총체적 사역(선교)'에 다음과 같은 도움을 준다.

- 사람의 존엄성을 회복시키며 능력을 부여한다.
- 제자도를 행할 수 있는 상황을 제공한다.
- 환경의 청지기 역할을 장려한다.
- 평화와 공동체를 강화할 수 있다.
- 교회를 강화한다.
- '모든 족속에게' 가는 것을 용이하게 한다.[69]

2장

크리스천 사업가

사업가는 사업을 통해 자신의 영향력을 축적하지만 크리스천 사업가는 자신의 삶과 사업으로 영적 영향력을 발산시켜야 한다. 하나님은 사업가가 영적 영향력을 발산할 수 있도록 네 단계로 성장-성숙시키신다.[1]

첫째, 회심의 단계
사업가가 예수님을 인격적으로 만나고 예수님을 구주로 영접하는 단계이다.

둘째, 그리스도의 제자로 양육되는 단계
회심하여 예수님을 구주로 영접했지만 아직 믿음이 연약한 이들이 '가서 제자 삼으라'는 사명을 구체적으로 감당하고 있는 크리스천 사업가에게 양육받는 단계이다. 이 단계에서 사업가는 자신의 전문성과 사업 그리고 삶에 새 의미와 열정을 갖게 된다.
그러나 대부분의 사업가들이 이 단계에서 성장이 멈춘다.[2] 이들은 단순한 교회 출석자로 남아, 최소한의 섬김과 신앙생활을 한다. 이는 자신을 크리스천 사업가로 이끌어줄 성숙한 크리스천 사업가를 만날 기회가 없었다는 것이 그 이유의 대부분이지만, 멘토링 받기를 거부하는 이들도 있다. 이런 이유로 신앙생활을 하면서 사업하는 이들 대부분은 크리스천 사업이 지닌 가치를 알지 못한다.
크리스천 사업가가 되기 위해서는 그리스도의 제자가 되는 양육의 단계를 거쳐야 하고 멘토가 필요하다. 이 단계에서 형성된 멘토와 멘티의 관계는 일평생 지속되는 경우가 많다. 이 관계 속에서 크리스천 사업가는 영적, 사업적, 사역(선교)적으로 무장되며 성장한다.

셋째, 패러다임 시프트의 단계
예수님의 제자로 양육되는 과정에 있는 사업가들에게 패러다임 시프트가 일어난다. 이 단계에서는 돈의 소유주가 달라진다. 십일조만 드리면 된다는 생각에서 모든 수익이 하나님의 돈임을 인정하게 된다. 패러다임 시프트 단계에서는 일과 관계 그리고 신앙을 보는 시각, 인생을 살아가는 태도 등에서 전환이 일어난다. 하나님과의 관계가 깊어지고 믿음이 성숙해짐에 따라 가치관을 재정립하게 된다.

- 사업은 나의 소유인가, 하나님의 소유인가?
- 하나님의 소유라면, 그분의 청지기로서의 나의 역할은 무엇인가?
- 이익은 악한 것인가?

- 많은 교회들이 주장하듯이, 나는 풀타임 사역을 위해 사업을 포기해야 하는가?
- 사업이 하나님께서 주신 나의 소명일 수 있는가?
- 나는 성공적인 비즈니스인인 동시에 하나님께 온전히 순종하는 그리스도의 제자일 수 있는가?
- 사업의 원칙들이 성경적 원칙들과 통합화될 수 있는가?
- 그렇다면 어떠한 성경적인 원칙들이 구체적으로 사업에 적용될 수 있는가?

이러한 질문들은 끝이 없고 이 단계를 통과하기는 쉽지 않다. 수세기 동안 교회가 해온 사업(일)과 신앙의 분리를 강조한 이원론적인 교육은 사업가로서 소명과 재능을 받은 많은 이들이 하나님의 일꾼이 되는 것에 큰 장애가 되었다. 그러나 이원론은 오류임이 드러나고 있고 이제는 사업가 스스로가 이를 극복해야 한다.

넷째, 믿음이 통합되는 단계 Integration of Faith
지금까지는 가정, 믿음, 일의 균형을 중요하다고 생각해 왔다. 예를 들면 가정생활, 직장생활, 교회생활이 있는데, 나름 신앙이 성숙해지면 한 군데로 쏠리지 않고 균형을 맞추는 단계이다. 시간을 나누어 몇 시간은 직장에서 일하고, 또 몇 시간은 가정에 충실하고, 그리고 몇 시간은 교회에 헌신하는 식이었다. 하지만 시간의 균형을 맞춘다고 신앙과 사역이 생산적이 되는 것은 아니다.

믿음의 통합화가 일어나야 신앙과 사역이 생산적이 된다. 돈의 문제, 관계의 문제, 그리고 권력과 리더십의 문제에 대해 패러다임 쉬프트가 일어난 후에야 믿음의 통합화가 이루어진다.

수입의 십일조를 내고 나머지 90%를 내가 나의 필요에 따라 나누어 쓰는 것은 균형의 문제이다. 그러나 모든 수입이 하나님의 것임을 인정하고, 하나님께서 원하시는 것을 위해 사용할 때 삶과 돈과 신앙이 통합화된다.

회사를 운영하는 데 있어 리더십과 직원과 고객을 섬기기, 더 나아가서 제품을 만들기, 바이어들과 선한 관계를 유지하기, 세무서, 경찰서 등과 같은 관청들과 접촉하기 등의 모든 것들을 믿음으로 통합하여 큰 시각에서 보는 것이 필요하다. 이 단계에 이른 크리스천 사업가는 아래와 같은 질문들을 시작한다.

- 어떻게 하면 그리스도를 위해 사업을 이끌 수 있을까?
- 어떻게 해야 하나님께서 주신 소중한 자원들을 킹덤 임팩트화할 수 있을까?
- 어떻게 해야 사업 경영이 그리스도께 영광이 될 수 있을까?
- 어떻게 마케팅 전략, 생산 과정, 제품 디자인, 직원/고객 관계들을 아우르는 모든 분야에 대한 결정권을 그리스도께 내어 놓을 수 있는가?
- 믿음과 성경적 원리를 어떻게 해야 기업의 문화와

나의 삶에 구체적으로 적용시킬 수 있는가? [3]

믿음의 통합화에 이른 크리스천 사업가가 운영하는 사업의 두드러진 특징은 영적 영향력이 발산된다는 것이다. 영적 영향력은 직원들의 자세, 고객과 바이어들에 대한 태도, 제품과 서비스를 접한 소비자들의 반응 등에서 나타난다.

이 회사 사람들과 제품과 서비스는 다른 회사와 분명히 다르다!

그렇다면 크리스천 사업가는 어떠해야 하는가?

1_크리스천 사업가는 그 성품에서 영적 영향력이 발산되어야 한다

좋은 성품보다는 명품에 열광하는 이들이 많다. 명품은 조명을 받아야 빛나지만 좋은 성품은 어둠 속에서도 빛을 발한다. 크리스천 사업가에게는 어둠 속에서도 빛을 발할 수 있는 성품이 있어 어떤 상황에서도 영적 영향력을 발산할 수 있어야 한다. 크리스천 사업가들에게는 다음과 같은 성품이 있다.

- 주변사람들에게 복음을 전하고
- 신앙에 친숙한 사업 문화를 조성하고 유지하며
- 사업을 운영할 때에는 매우 높은 윤리 기준을

지켜서 좋은 본을 보이고
- 회사의 자원과 경영자 개인의 자원을 가치 있는 것들에 투자하고
- 공동체와 사회가 영성을 회복하는데 '영향력'을 사용한다.[4]

2 _ 크리스천 사업가는 소명으로서의 사업을 사역화해야 한다

한 아버지가 직접 기저귀를 빨고 아이의 뒤치다꺼리를 합니다. 그 아버지가 그리스도인의 믿음으로 그 일을 하고 있는데, 다른 사람이 그를 '여자 일이나 하는 바보'라 비웃는다면, 이 두 사람 중에 누가 더 상대방을 조소하고 있는 셈입니까? 하나님은 모든 천사와 피조물과 함께 미소를 머금고 계십니다. 그 아버지가 기저귀를 빨고 있어서가 아니라, 그가 그 일을 믿음으로 하고 있기 때문입니다.[5] (루터)

1) 소명의식 없는 직업의식은 황폐함을 초래한다

사기를 치라고. 사기를 쳐서 사람들이 무조건 주식을 사도록 해라. 그래야 월 스트리트에서 살아남는다.[6] (조던 벨포트)

기독교가 로마의 국교로 공포되고 교회는 카타콤의 어둠을 벗어나 빛 가운데로 나왔으나, 동시에 기독교는 향후 1,000년간의

암흑기에 접어들게 되었다. 중세 암흑기를
틈타 사탄은 말라카를 보다 견고히 했다.
소명에서 시작된 사역이 세상에서는
직업으로, 교회에서는 성직으로 분리되었다.
성도는 영적 의미가 배제된 단지 직업인으로
살아가게 되었고, 성직자들은 세상일에서
철저히 배제된 성직자로 살아가게 되었다.
16세기 루터가 만인제사장설을 주장하면서
성속의 분리와 성직자와 평신도의 분리가
잘못임을 밝혔다. 그러나 하나님의 일과
세상의 일, 성직자와 평신도의 분리에 따른
폐단은 20세기 말까지 전혀 흔들리지 않는
토대를 쌓아 왔으며, 21세기에 이른 지금에도
기독교가 극복하지 못하고 있다.
사업 현장에서 소명의식이 사라지면[7]
말라카가 지배한다. 이렇게 되면 우리는
수고와 땀으로 점철된 노예의 삶을 살게
되고, 순종의 열매 대신 죽음의 열매를
맺으며, 하나님이 원치 않으시는 일에
종사하는 탓에 진정한 보상을 얻지 못한다.[8]

2) 직업의식에서 소명의식으로

말라카는 결국 황폐함의 극치에 이르게 되고
사업가들은 일거리를 찾기 위해 바쁘다.[9]
그러나 대부분 실패로 끝난다. 베드로가
그랬다. 평생 어부로 살아 온 베드로가 어느
날 자신의 홈그라운드인 갈릴리 호수에서
밤새 고기를 잡았지만 허탕을 쳤다. 분명
잘 잡히던 포인트였는데 물고기가 잡히질

않았다(눅 5:5a).

사물인터넷[10], 인공지능, 자율주행차 등 4차 산업혁명의 핵심 분야로 꼽히는 영역에서 미국 등과 기술적 격차와 자본투자의 차이가 너무 많이 난다. 지금 현재로선 우리가 먹을 게 거의 없다.[11] (김도연, 포스텍 총장)

"깊은 곳에 그물을 내리라"(눅 5:1~11).
예수께서 황폐함에 빠진 베드로에게
다가오셔서 말씀하셨다. 이 말씀은 베드로의
마음속에 잠재되어 있던 소명의 마그마를
분출시켰다.[12]
베드로는 깊은 곳에 소명의 그물을 던졌다.[13]
비지니스busyness인으로서의 베드로의
죽음이자, 기득의 성공 방법인 전통과
경험과 타성을 깊은 물에 수장시키는
것이었다[14]. 말라카의 희생양으로 살았던
이 '비지니스인'의 죽음은 곧 소명을 이루는
'비즈니스인'이라는 '선교사명적 존재'의
탄생이다.

Busyness(비지니스)라는 단어에서 'y'는 yoke(멍에, 굴레)를 의미한다면, Business(비즈니스)의 i는 idea를 의미한다. Business는 아이디어의 영역이다.

고기를 낚던 베드로는 예수께 낚인 자가
되어 낚인 자의 삶을 살았다(요 21:18~19).[15]
하나님은 사업가들을 이렇게 부르신다.[16]

3) 소명을 사역화해야 한다

"깊은 곳에 그물을 내려라"라는 예수의 말씀을 들었을 때의 베드로처럼, 초청의 부르심에 '아멘'으로 응답하는 순간, 우리의 소명은 강력한 불로 번져나간다.[17] 어떤 이는 가정에서, 어떤 이는 직장에서, 어떤 이는 교회에서, 어떤 이는 세상 끝까지 두루 다니면서 복음의 불을 피우는 선교사로서 그 소명을 이루게 된다. 크리스천 사업가가 하나님의 부르심에 '아멘'으로 응답하는 순간부터 그는 크리스천 사업가의 길을 가는 것이다.

비즈니스맨에 해당하는 히브리어 단어 중 하나는 '오메인 Ohmein**'인데, 그 뜻은 '믿음의 사람'이다. 예배에서 쓰는 '아멘**Amen**'과 어근이 같다.**[18]

3 _ 크리스천 사업가는 0에서 1을 만드는 자이다

19세기에 멜서스(1766~1834)라는 학자는 제한된 지구의 자원으로는 늘어나는 인구를 감당할 수 없을 것이라고 예측했다. 인구가 15억 명에 이르렀던 당시에 이 예측은 매우 설득력이 있었다. 21세기에 이른 지금, 인구수는 70억 명을 넘어섰고 지구의 자원은 더 줄어들었다. 그럼에도 인류는 멜서스가 생존할 당시보다 더 부요한 삶을 누리고 있다. 인간의 창조성이 지난 두 세기 이상에

걸쳐 훨씬 더 큰 세계 인구도 먹여 살릴 능력이 있음을 입증했기 때문이다.[19] 창조성은 0에서 1, 즉 무에서 유를 만드는 아이디어와 원천기술이다.[20] 하나님은 이웃과 인류를 섬기고자 헌신하는 크리스천 사업가에게 '0에서 1'을 만드는 창조적 아이디어와 원천기술을 허락하신다.[21]

4 _ 크리스천 사업가는 성공을 누리고 나누는 자이다

하나님의 말씀은 크리스천 사업가를 성공으로 인도하는 등대이다(잠 3:1~2). 여기서 성공은 자기의 목표를 이루는 성공이 아니라, 하나님의 부요함을 세상에 유통시키는 자로 쓰임을 받는다는 의미에서의 성공을 말한다. 하나님의 말씀인 성경을 사업의 매뉴얼로 사업하는 크리스천 사업가는 마땅히 이 성공을 누리게 된다.
크리스천 사업가는 또한 이웃을 축복하는 자이다. 하나님께서 아브라함을 불러 복을 주시고 복의 근원이 되게 하셨듯이(창 12:2) 하나님은 크리스천 사업가들에게 부를 주셔서 이웃을 축복하신다.[22] 크리스천 사업가는 축복의 통로이어야지 축복의 스펀지만 되어서는 안 된다. 하나님의 자녀의 궁극적인 기쁨은 받기보다는 주기를 좋아하시는 하나님과 같이 되는 것이다(행 20:35). 잠언의 저자들은 크리스천 사업가가 성공을 누리고 나눌 수 있도록 하는 세 가지를 제시한다.

지혜와 명철
누군가 100억과 지혜 중 하나를 준다고 한다면, 무엇을 선택할 것인가? 대다수는 돈을 선택할 것이다. 그러나 지혜 없는 자에게 돈은 무가치하다. 지혜 없는 부는 불행하고 하나님이 주시는 지혜로 일을 하지 않으면, 사업을 잃게 된다(잠 10:22). 솔로몬은 말한다. "지혜를 얻는 자는 자기 영혼을 사랑하고 명철을 지키는 자는 복을 얻느니라"(잠 19:8).

신실과 성실
부정직하고 탐욕스럽게 얻은 부는 오래 가지 못한다. 크리스천 사업가가 부를 즐거워하려면 근면해야 하고, 청지기 문화를 배워야 한다. 부정직한 길을 선택한 사람보다 신실한 사람이 결국에는 더 부유해질 것이다(잠 13:11). 성실은 우리의 사업을 번영케 한다.

후하게 줌(잠 11:24~26)
크리스천 사업가는 나눔과 기부가 생활화되어야 한다. 크리스천 사업은 하나님을 섬기고 이웃을 섬기기 위한 기회이다. 크리스천 사업은 돈을 벌어 모으기도 하지만 관대하게 나누어 주기도 해야 한다. 물질을 얻는 성경적 방법은, 역설이게도 쥐거나 가지는 것이 아니라 주고 나누는 것이다.
지혜와 명철을 소유하고 신실하고 성실하며
후하게 줄 줄 아는 크리스천 사업가가
하나님이 주시는 성공을 누리는 것은
당연하다. [23]

*크리스천 사업가는 선한 일에 후해야 합니다.
교회와 사람들을 섬기라고 하나님께서 크리스천
사업가에게 사업을 주셨고 이 일에 헌신하는 것이
사명이라고 생각합니다. (권경섭 회장, 소비코 창업자,
K-BAM 창립 대표)*

5 _ 크리스천 사업가는 사업의 청지기이다

청지기 정신은 단순히 십일조를 하고 남은
90%의 물질을 우리 마음대로 사용하는
것이 아니다. 하나님이 우리의 모든 소유의
주인이심을 인정해야 한다. [24]

*개인적으로 나는 나의 회사를 하나님께 내려놓는데
오랜 시간이 걸렸다. 솔직히 말해서, 하나님이
내게서 무엇인가를 앗아가실 것 같았기 때문에
그랬다. 그러나 나는 결국 단순하면서도 의미 있는
기도를 드리게 되었다. "주님, 제가 당신께 저의
모든 것을 드리니 이제 주님의 모든 것을 제게
허락하십시오." 이 기도는 내 재산에 대한 나의
태도를 완전히 변화시켰다. 그리고 오늘도 성령님은
이러한 일들에 대해서 나를 더욱 성숙시키고
계신다. (Jorg Knoblauch)*

6 _ 크리스천 사업가는 에클레시아의 파견대장이다

에클레시아ekklesia는 기원전 5세기에 군복무를 마친 남자 시민들이라면 참여할 수 있는 고대 그리스 민주주주의 주요 입법기관이었다. 기원적 594년 아테네의 정치인이자 시인이었던 솔론[25]은 아테네 시민이라면 무산시민조차도 포함하는 모든 계층이 참여하도록 개혁했다.[26]

신분과 관계없이 한 지역에 파견된 '테스크포스' 집단이란 뜻으로 에클레시아를 사용했으며 일반적인 모임을 에클레시아라 부르기도 했다. 에클레시아는 2000년 전에는 정부가 어느 지역에 파견한 작은 국가(부서)였으며, 군대일수도 있고, 관공서일수도 있고, 건설국일수도 있고, 세무서일수도 있다.

기독교가 에클레시아를 '그리스도인들이 모이는 공동체'라는 뜻으로 사용하면서 '그리스도의 교회', '하나님의 교회', '주님의 교회' 등의 종교적인 전문용어로 사용하였다. 하나님께서는 세상을 구원하시기 위해 교회라는 에클레시아를 파견하셨듯이 하나님의 자녀를 구체적으로 섬기기 위해 사업체라는 에클레시아도 파견하셨다. 에클레시아를 섬기는 이들은 모두 제사장이며 사역자이다. 크리스천 사업가는 에클레시아의 파견대장이다.

7 _ 크리스천 사업가는 하나님 시스템God System을 건설하는 자이다

아브라함을 유목민 출신이라고 생각하기 쉽지만, 그렇지 않다. 당시 아브라함이 살던 도시는 상업과 무역이 활발히 이루어지고 있던 발달된 도시로서[27] 당대 최고 문명인 수메르 문명의 중심이자 수메르 최강의 도시, 우르였다.

우르에 살던 아브라함이 사업에 직간접적으로 연루되었을 가능성은 높다. 아브라함이 우르를 떠나 900킬로미터 떨어진 가나안에 도착했을 때 아내 사라와 조카 롯, 그리고 자신에게 속한 318명의 장정(훈련된 군인)들이 동행할 정도였다.[28] 이렇게 볼 때 아브라함은 오늘날로 치면 꽤 큰 규모의 사업을 하는 기업인이었을 것이다.

아브라함은 갈대아 우르에서 유프라테스 강을 건너 가 히브리 유목민(히브리인이란 '유프라테스 강 건너에서 온 사람들'이란 뜻이다)의 족장이 된다.[29] 하나님께서 아브라함을 하나님을 거부하는 도시Godless City에서 불러내어, 하나님의 도시God City를 세우셨다. 아브라함을 '하나님의 도시를 건설하는 자'로 사용하셨던 것이다.[30]

아브라함의 이주가 끝난 후 '하나님을 거부하는 도시'인 우르를 허무셨다. 아브라함이 떠난 후 세계 최고의 도시였던 우르는 우르 상류의 숲이 벌목으로 모두 황폐화되면서 엄청난 토사가 매년 떠내려와 관개수로를 뒤덮고 운하를 매몰시키자, 결국 우르는 토사 속에 파묻혀 버리게 되었다.[31] 아브라함이 말라카의 도시를 떠나 하나님의 도시를 건설하는 자였듯이, 크리스천 사업가들은 사업 영역의 하나님 없는 시스템Godless System과 하나님 없는 말라카 관행을 거부(파괴)하고 하나님의 원칙이 작동되는 아보다 시스템을 구축해야 한다.

8 _ 크리스천 사업가는 가난한 자들을 크리스천 사업가로 세우는 사역자다

크리스천 사업가는 가난한 이들의 '일하고자 하는 욕구'와 '자립심'을 실현할 수 있는 기회와 장을 제공해 주어야 한다.

1) 크리스천 사업가는 기부에 만족해서는 안 된다

세계 각처에서 자영업을 하는 크리스천들의 총수입이 10조 달러에 이른다고 한다. 그 수입 가운데 1퍼센트를 기부했다면, 세계 10억 명의 빈곤상태는 일 년 내에 50퍼센트까지 개선될 수 있었을 것이다.[32] 물론 기부 그 자체가 사역이자 선교다. 그러나 가난한 이들의 '일하고자 하는 욕구와 자립심'을 저해하고 제한할 정도의 기부는 하지 말아야 한다. 기부는 궁핍을 모면하는 일시적인 도움을 줄 수는 있으나 가난을

해결할 수 없다.[33)]
척 피니Chuck Freeney의 말대로 진정으로 "남을 돕는다는 것은 돈만 내고 끝나는 것이 아니라 그들이 자립할 수 있게 끝까지 책임져야 한다."

2) 크리스천 사업가는 고용창출에 만족하지 말고 가난한 이들이 사업가가 되도록 도와야 한다

크리스천 비즈니스가 고용창출을 늘리는 것은 마땅하나 고용창출에만 머물러서는 안 된다. 크리스천 사업가는 가난한 이들을 세워 크리스천 사업가로 만드는 일에 집중해야 한다.
세계은행에서 전 세계 7만여 명의 가난한 사람들에게 물었다. "당신에게 가장 절실한 것은 무엇인가?" 그들의 대답은 사회복지나 집 혹은 다른 물질적인 것이 아니었다. 그들이 가장 절실히 원하는 것은 사업가가 되기 위한 자유와 필요한 자금이었다.[34)]
가나한 이들에게 빵으로 섬기는 사역을 아래의 네 단계로 분류할 수 있다.

1단계 : 가난한 자에게 빵을 주는 구제.
2단계 : 가난한 자에게 빵 만들어 먹은 방법을
      가르쳐 주는 것.
3단계 : 가난한 자에게 빵을 파는 방법을
      가르쳐 주는 것.
4단계 : 기난한 자로 하여금 빵공장을

운영하는 방법을 가르치고 투자하여 지속적인 이윤을 창출할 수 있도록 이끌어 주는 것.

크리스천 사업가는 4단계를 최종 목표로 삼아야 한다.

> **양돈 사업가 K사장**
>
> 라오스 비엔티안 근교에서 양돈 사업을 하는 K사장은 가난한 이들을 사업가로 만드는 크리스천 사업가이다. K사장은 현지인들에게 양돈교육을 시키고 이들에게 양돈 사업을 시작할 수 있도록 다섯 마리의 자돈(새끼 돼지)을 무상으로 제공한다. K사장은 이 일에 자신의 수입 2/3를 사용한다. 이를 통해 한 지역 전체가 양돈 사업을 통해 가난을 벗어난 곳도 있다. 이 소문을 듣고 K사장을 찾아와 양돈을 배워 양돈 사업을 하는 이들이 점점 많아지고 있다.

9 _ 크리스천 사업가는 말라카를 아보다로 바꾸는 변혁자이다

1) 크리스천 사업가는 사업(기업)의 사회적 책임을 감당해야 한다

2010년 국제표준화기구(ISO)가 발표한 기업의

사회적 책임에 대한 국제표준인 ISO26000은 지배구조, 인권, 노동 관행, 환경, 공정거래[35], 소비자 이슈, 공동체 참여 및 개발 등 7대 사회적 책임 이슈에 대한 실행지침과 권고사항 등을 담고 있다. 크리스천 사업가는 할 수 있는 한 이를 실행해야 한다.

2) 크리스천 사업은 말라카의 관행을 없애야 한다

"세금을 다 내고는 사업할 수 없다"며 탈세와 뇌물 등 업계의 부정직한 관행을 거부하지 못하는 크리스천들이 있다. 또 "가격 경쟁에서 살아남으려면 어쩔 수 없다"면서 저질 원료와 불법 재료를 사용하고, 산업폐기물을 합법적으로 처리하지 않고, 다운사이징을[36] 핑계로 종업원에게 법이 허용한 이상으로 일을 시키는 크리스천이 운영하는 회사들이 있다.
그렇다면 같은 업계에 있는 분들이 과연 이분들을 존경하고 이 업체들을 긍정적으로 바라볼 수 있을까? 이러한 크리스천 사주의 사업체를 보고 주변 사람들이 크리스천이 되려고 할까? 이들은 업계의 부정직한 관행을 따르는 크리스천들이고 업체일 뿐이지 소명으로 사업을 하는 크리스천 사업가 또는 크리스천 사업체일 수는 없다.
크리스천 사업이 사업과 직간접적으로 관련된 말라카의 관행을 줄이고, 더 나아가 개발도상국들의 말라카 문화를 바꾸는 데

역할을 감당해 왔다.[37]

> **T국의 정 사장**
>
> 공산국가에서 저자와 동업을 하는 정 사장은 사업을 시작한 이후 7년간 성실하게 세금을 내고 있다. 이게 문제였다. 세무공무원이 찾아와 이렇게 말했다. "이 조그만 가게에서 이렇게 세금을 많이 내면 곤란합니다. 이 동네에 이 가게보다 몇 배가 큰 가게들, 대박난 가게들도 이렇게 못 냅니다. 그러니 다른 가게 입장을 생각해서 세금을 반으로 줄이세요." 이 말은 세무공무원이 지역의 다른 가게주인들에게서 뇌물을 받고, 그들의 탈세를 눈 감아 주고 있다는 것이다.
> 정 사장은 현지의 회계사와 정식 계약을 맺고, 세금을 낸다. 또 소방법, 환경법 등 역시 철저하게 지키다 보니, 이제는 명분 없는 돈을 요구하며 찾아오는 현지 관리들은 없다. 이렇게 7년이 지나니 그간 뇌물과 탈세의 관행에 젖어있던 그 지역 업체들 사이에 자정 바람이 불어 그간의 불법적 관행이 대부분 사라진 상태이다.

3) 크리스천 사업가는 말라카의 희생자를 구출해야 한다

크리스천 사업가는 자신의 사업을 아보다화하여 말라카의 희생자들을 구출해야 한다. 크리스천 사업가는 하나님께서 주신 사업을 통해 전 세계의 가난을 퇴치하고, 가난으로 고통을 당하는 이들에게 하나님께서 요구하시는 참된 복지와 복음을 제공해 주며, 이들을 가난과 착취당함의 세습에서 구해야 한다.[38)]

황금률 상점과 제시 페니 J.C. Penny

사업 시스템을 아보다화하여 빚에 시달리는 노동자들을 구출해 낸 소중한 사례가 있다. 1902년 와이오밍 Wyoming 주에 켐머러 Kemmerer 라는 인구 1,000명의 작은 광산마을이 있었다. 이 마을에는 21개의 술집과 식료품점들이 있었는데, 가난한 광부들을 대상으로 외상 거래를 하였다. 광부들은 급료를 받으면 외상을 갚았다. 그런데 적지 않은 광부들이 외상을 갚지 않고 도망을 가는 형편이어서, 상점들은 외상을 갚지 않고 도망간(갈) 광부들이 끼치는 손실을 감안한 가격을 책정했다. 당연히 이 마을 가게의 물건 값이 다른 동네들의 가게보다 비쌌다.
당시 그 동네에 26살 된 남자와 그의 아내가 작은 식료품점을 오픈했다. 이들의 자본은 주변 큰 상점들의 1/6도 안 되었지만, 다른 상점들과는 다른 방법으로 운영했다. 이 상점이 바로 그 유명한 '황금률 상점 Golden Rule Store'이다(눅 6:31).
젊은 부부는 예수님이 명하신 황금률을 실행하기 위해서 가게를 운영하였다.

'황금률 상점'은 물건 가격이 저렴했다. 젊은 부부는 현금 거래를 통해 가격을 내리는 것이 가난에 허덕이는 광부들을 실질적으로 섬기는 것이라고 생각했다. 그 결과 고객들은 빚을 줄이게 되었다.
'황금률 상점'은 대박이 났고 이후에 세워지는 많은 상점들의 모델이 되었다. 10년 사이에 30개의 가게가 '황금률 상점'이란 이름으로 문을 열었다. 1913년, 주변의 많은 경쟁자들이 '황금률'이란 상호로 가게를 열고 운영 방식도 그대로 모방했다. 결국 '황금률 상점'은 창립자의 이름을 따서 'J.C. Penny'로 상호를 변경하였다.
황금률 원칙은 지속되었다. 제시 페니사는 좋은 품질의 물건을 고객들에게 보다 저렴한 가격으로 제공해줄 뿐 아니라, 상행위 전반에 있어 성경적 원칙을 지켰고, 특히 일터에서 하나님의 원칙과 섬김을 드러내는 자신의 믿음을 보여주었다. 제시 페니는 종업원을 훈련시키고, 은사와 재능을 개발하도록 도와주었다. 회사가 성장하면서 그 이익을 종업원과 나눌 수 있는 계획도 세웠고, 종업원이 믿음을 가지게 하거나, 믿음을 성장시키기 위한 프로그램을 운영했다. 모든 종업원이 다 동역자였다. 그들 중 다른 지역에 새 제시 페니사를 오픈한 이들은 본사의 파트너가 되었고, 종업원 누구나 새로운 제시 페니를 시작할 수 있다고 약속받았다.
제시 페니는 늘 이렇게 말했다. "비즈니스

영역에서의 황금률의 적용은 제한이 없다."
당시 많은 사업가들은 사업에서 성경적
원칙을 인정하지 않았다. 오히려 이를
멍청한 짓이라고까지 말하며 분명히 실패할
것이라고 말하는 이들도 있었다. 그러나
제시 페니사는 성공했다.

3장

크리스천 사업가의
영적 무장

크리스천 사업가가 소금과 빛으로 총체적 복음을 살아내기 위해 또 총체적 복음의 확산을 지원하고 직접 전하기 위해 영적 무장이 필요하다.

1_크리스천 사업가는 살아계신 하나님을 만나야 한다

살아계신 하나님과의 만남은 무엇보다도 크리스천 사업가를 무장해제시킨다. 하나님은 크리스천 사업가가 스스로 준비하여 입은 갑옷을 완전히 벗겨버리고 하나님이 예비하신 갑옷으로 입히신다.
크리스천 사업가는 기도로 하나님을 만나야 한다. 다니엘은 하루에 세 번씩 하나님께 기도드렸다(단 6:11). 탁월한 정치가였음에도 불구하고 다니엘은 전적으로 하나님만을 의지했다. 하나님의 말씀을 경청하며 매일 매순간 자기의 갑옷을 버리고, 하나님이 예비하신 갑옷을 입지 않고서는 이방의 낯선 나라에서 믿음으로 정치를 해낼 수 없었기 때문이었다.

경쟁이 치열한 사업을 하면서 다니엘처럼 따로 시간을 마련해 하나님의 말씀에 귀 기울이기란 쉽지 않다. 그럼에도 기도해야 한다. 믿음으로 사업을 감당할(믿음과 사업을 통합) 수 있기 때문이다.[1)]

기도는 천국과 소통할 수 있는 능력이다. 바쁘다는 이유로 이 엄청난 특권을 활용하지 못하는 것은 크나큰 손실이다.

1) 하루의 첫 열매를 드리면, 하나님은 사업가의 시간을 다스려주신다

시간은 하나님이 창조하셨다. 그분은 충분히 그분의 뜻대로 순종하는 사업가를 위해 시간을 조종하실 수 있다. 하나님은 여호수아를 위해서 시간을 멈추시기까지 하셨다(수 10:12~14).

태양이 머물고 달이 멈추기를 백성이 그 대적에게 원수를 갚기까지 하였느니라.

바쁘기로 유명했던 종교개혁자 마틴 루터는 하루에 두 시간동안 기도를 하지 않으면 그 날에 끝마쳐야 하는 모든 일을 해낼 수 없다고 했다.

2) 당신과 천국 사이의 핫라인에 들어간 비용을 기억하라

예수님이 십자가에서 돌아가신 순간에, 하나님의 성전의 휘장이 둘로 갈라져버린 것을 기억해야 한다. 하나님의 백성이 언제 어디서나 전능하신 그분의 임재하심을 경험할 수 있게 하기 위해 그분은 자신의 독생자를 대가로 지불하셨다.

기도는 온 우주의 가장 높은 옥좌 앞에서 이루어지는 정상회담이다. 크리스천 사업가는 이곳에 나아가 전능자에게 간구할 권리가 있다.

3) 역사를 움직인 기도들은 짧았다

중요한 것은 장문의 기도가 아니라 집중과 강렬함이다. 예수님께서는 중언부언하지 말라고 경고하셨다. 의로운 사람의 간구에는 역사하는 힘이 크다.

4) 무시로 할 수 있는 짧고 실질적인 기도들

회사 어디에서나 짧은 기도를 올릴 수 있다. 짧은 기도라 할지라도 성경에 근거한 기도는 하나님이 응답하신다.

① 집중하게 하는 기도
주기도문은 크리스천 사업가를 주의 나라와 권세와 영광에 집중하게 해 준다(마 6:9~13).

② 창대하게 하는 기도
야베스의 기도는 크리스천 사업가의 삶과

일의 지경을 넓히시는 하나님의 축복을
구한다(역상 4:10).

③ 담대하게 하는 기도
초대교회가 처음 핍박을 경험하기 시작했을
때, 그들은 무엇보다도 복음을 선포하는
담대함과 사역의 능력을 간구하였다.
하나님은 이들의 간구를 들으셨고,
초대교회는 성령충만하게 되었다(행 4:29~31).

④ 하나 되게 하는 기도
크리스천 사업가들은 특히나 복음을
위해, 제자의 영적 연합을 위해 중보하신
그리스도의 기도를 따라해야 한다.
"세상으로 아버지께서 나를 보내신 것을 하게
하옵소서"(요 17:21).

⑤ 바울의 기도
바울의 서신들에서 찾아볼 수 있는 기도들은,
우리의 삶에 극적인 영적 열매들을 맺게 해
준다.

⑥ 영적 영향력을 위한 기도
크리스천 사업가의 기도이다. 복음과 언약의
축복에 대한 기도라고 할 수 있다. "주의
도를 땅위에, 주의 구원을 모든 나라에게
알리소서"(시 67:1~2).

⑦ 능케하는 기도
감당하기 힘든 어려움에 둘러싸일 때, 우리는

하나님의 은혜를 구해야 한다. 성경의
능케하심과 간섭하심을 구하는 짧지만 강력한
선포의 기도를 하는 것이다.

⑧ 확신의 기도
이 말씀은 기도는 아니지만, 하나님의
임재하심을 기억하고 진정한 주권자가
누구신지를 기억하게 해 준다.

너희는 가만히 있어 내가 하나님 됨을 알지어다.
내가 뭇 나라 중에서 높임을 받으리라. 내가 세계
중에서 높임을 받으리라(시 46:10).

크리스천 사업가는 단순히 회사를 위해서만
일하는 것이 아니다. 전략적으로 하나님을
위해서 일하고 있는 것이다. 사도 바울은
우리가 "하나님의 동역자들"이라고 했다(고전
3:9). 기도를 함으로써 크리스천 사업가는
하나님과 협력하여 역사를 바꾸고 있는
것이다.
폴 빌 하이머는 기도를 훗날 천국에서의
그리스도의 통치하심에 대한 "현장 연수"라고
했다. 크리스천 사업가는 기도를 통해 사탄과
그의 세력들을 물리치는 것을 배우는 것이다.

사람들은
우리의 항의를 기각하고,
우리의 시위를 거부하고,
우리의 주장에 반대하고,
우리의 인격을 경멸할 수 있다.

*그러나
그들은 우리의 기도에
무력하다. (신로우 백터^{Sidlow Baxter})* [2]

2 _ 크리스천 사업가는 하나님의 은혜를 받아야 한다

그리스도 안에 있는 모든 성도들이 하나님의 일반 은혜^{general grace}를 받고 살아가지만, 특별히 큰 은혜^{highly favored}를 받는 이들이 있다. 하나님께서는 세상을 샅샅이 살피시며^{scanning}, 그 마음이 하나님을 향한 충성심으로 가득한 이를 찾으시다가 그런 참으로 충성심이 가득한 이를 발견하시면 그에게 큰 은혜를 주신다. 어떻게 하면 크리스천 사업가들도 이런 큰 은혜를 받을 수 있을까? 예수님의 어머니 마리아는 은혜를 받았다. 마리아의 믿음을 아는 가브리엘 천사가 마리아를 '은혜를 받을 자^{highly favored}'라고 불렀다(눅 1:28). 마리아의 그 무엇에 하나님께서는 그토록 감명을 받으셨을까? 그 답을 마리아의 마음에서 찾을 수 있다.

1) 순결한 마음

천사가 하나님의 뜻을 전하기 위해 마리아에게 나타났을 때 마리아는 의로운 사람인 요셉과 약혼한 상태였다. 요셉을 사랑했지만 하나님을 더 사랑한 마리아는 천사의 말을 듣는 순간 하나님의 뜻을 이루기 위해 순결을 결단했다.
순결이란 오직 한 분만을 위해 자신과 자신의 것을 최상의 상태로 준비하는 것이다. 사업가들에게 있어야 할 순결한 마음은 하나님을 위해 자신을 비롯한 모든 것을 최상의 상태로 준비하는 마음이다. 크리스천 사업가로서의 우리의 과거가 어떠했던지 지금부터 하나님 앞에 순결하게 살 수 있으면 하나님의 은혜를 받는다(사 1:18).

2) 담대한 마음

마리아는 하나님의 뜻이 이루어지도록 기꺼이 위험을 감수하기로 했다. 천사의 말을 듣고 자신에게 무슨 일이 발생할지 잘 알았음에도 마리아는 주저하지 않고 "주의 계집종이오니 말씀대로 내게 이루어지이다"라고 응답했다(눅1:38). 마리아는 요셉의 약혼녀 이전에 하나님의 종이었다. 자신이 이렇게 답하는 것이 자신의 약혼과 자신과 요셉의 명성과 미래에 어떤 위험이 되는지를 잘 알았음에도 마리아는 자신의 가장 소중한 것을 주께 드렸다. 크리스천 사업가는 "주께서 쓰시겠다"(마 21:34) 하시면 어떠한 희생과 손해, 비난을 감수하면서까지도 자신의 회사와 자신, 더 나아가 자식까지도 담대히 하나님께 드려야 한다. 이게 은혜받는 자의 자세이다. 당신은 그럴 수 있는가?

3) 마리아에게는 '믿음이 충만한 마음'이 있었다

마리아의 마음은 믿음으로 충만했다. 엘리자벳이 마리아의 믿음을 축복했다. "주의 말씀이 이루어지리라 믿는 그 여자에게 복이 있도다"(눅 1:45). 마리아는 위대한 믿음뿐만 아니라 역사상 한 번도 일어나지 않았던 일에 대한 믿음이 있었다. 마리아는 자신이 동정녀로 임신하게 될 것을 받아들이고 믿었다.

하나님은 이 시대에도 역사상 최초로 발생할 일을 믿을 수 있는 사업가를 찾으신다. 바로 당신이 하나님이 큰 은혜를 주시기 위해 찾으시는 사업가이기를.

4) 경배하는 마음

자신에게 발생할 하나님의 기적에 대한 마리아의 응답은 그 마음과 입을 경배로 충만케 했다(눅 1:46). 성령은 하나님의 기적의 통로가 될 크리스천 사업가를 부르시고 있다.

5) 말씀으로 충만한 마음

마리아의 경배는 하나님의 말씀으로 채워졌다. 마리아는 말씀으로 자신을 다듬어 이를 영광스런 경배의 찬양으로 승화시켰다. 사업가들을 만나면 성공과 실패로 점철된 경험담으로 결국 자신을 드러내는 이들이 많다. 그러나 크리스천 사업가라면 마리아처럼 하나님의 말씀으로 자신을 다듬은 후 하나님을 경배하는 고백으로 승화시켜야 한다.

6) 소망으로 충만한 마음

마리아는 또한 그 마음이 소망으로 충만했다. 마리아는 자신의 후손들에게 영적 통로를 만들어 주기 위해 자기를 드렸다. 마리아 당대에는 온갖 비난을 받았지만 후세는 마리아에게 경의를 표한다. 마리아는 미래를 내다보았으며 미래의 후손들이 마리아를 '복이 있다'고 일컬을 것을 알았다(눅 1:48). 이와 같이 오늘날도 예수 그리스도께 철저히 순종하기 위하여 자신의 명예를 버리고 후손에게 영적 유산을 남겨줄 사람을 찾고 계신다. 모든 부모는 자식에게 유산을 남겨주고자 한다. 물질적 유산을 남겨줄 수도 있고, 가문의 아름다운 전통적 유산을 남겨 줄 수도 있다. 그러나 크리스천 사업가는 영적 유산을 남겨 주어야 한다.

7) 순종하는 마음

삼십 년이 지나고, 예수께서는 가나의 혼인 잔치에서 공생애 사역을 시작하셨다. 잔치에 포도주가 떨어지자 마리아는 하인들에게 "너희에게 무슨 말씀을 하시든지 그대로 하라"고 명한다(요 2:5). 마리아에게는 순종하는 마음이 있었다. 30년 전에도 그러했지만 자신의 계획보다는 하나님의 목적에 즉각적으로 순종했다. 이런 이유로 마리아는 큰 은혜를 받았다. 크리스천 사업가들은 은혜highly favored를 받아야 한다. 그래야 영적 영향력을 발산하여 하나님께 영광을 올려드릴 수 있다. 자신만의 성공 경험과 성공 매뉴얼이 있겠지만, 주께서 명하시면 주님의 방법에 즉각적으로 순종해야 한다. 즉각적인 순종은 은혜를 받는 보증수표이다.³⁾

너희 안에 이 마음을 품으라. 곧 그리스도 예수의 마음이니 그는 근본 하나님의 본체시나 하나님과 동등됨을 취할 것으로 여기지 아니하시고 오히려 자기를 비워 종의 형체를 가지사 사람들과 같이 되셨고 사람의 모양으로 나타나사 자기를 낮추시고 죽기까지 복종하셨으니 곧 십자가에 죽으심이라(빌 2:5~8).

3 _ 성경을 사업의 나침판으로 삼아야 한다

성경은 사업을 성공적으로 이루어내는 데 최고의 권위이자⁴⁾ 최고의 '사업 나침판'이며 매뉴얼이다. 금융과 재정부터 직원의 업무능력 평가까지, 모든 것에 대한 원리들을 지시하는 성경을 사업의 나침판으로 삼아야 한다.⁵⁾ 그렇지 않으면 사업의 영적 방향을 상실하여 사업의 관행, 자신의 경험과 직관

등의 비영적 원칙에 지배당하게 된다.[6]

성경을 사업의 나침판으로 삼은 존 베켓[R.W. Beckett][7]

창업자인 아버지의 제안을 받아 1963년에 베켓사(R.W. Beckett Corporation)에 입사한 존 베켓은 부친이 심장마비로 불의의 사망을 하게 되어, 26세에 사장이 되었다. 사장이 된 후 몇 달이 안 되어, 회사에 불이 났고 존 베켓은 이때의 어려움을 통해 예수님과 개인적 관계를 갖게 되었다.

믿음이 자라면서 베켓은 사업을 계속해야 할지, 목회자가 되어야 할지를 놓고 갈등하며 '사업이 자신의 소명인지, 아니면 자신이 개인적으로 좋아하는 것인지?'를 스스로에게 물었다. 결국 베켓은 자신의 미래와 소유, 그리고 회사까지도 하나님께 드리기로 결정했다. 이 결정은 베켓 인생에서 진정한 전환점이 되었다.

이어 자신의 신앙과 사업을 연결시키는 답을 얻기 위해 베켓은 성경 공부와 역사 공부를 시작했다. 이 공부에서 비즈니스가 비즈니스의 주요한 도덕과 윤리적 자원인 성경으로부터 멀어지고 있는 현상을 발견한 베켓은 성경을 회사의 나침판으로 삼아 그 원칙에 따르기로 결심했다.

베켓이 비즈니스에 성경의 원칙들을 적용한

것이 회사의 철학에 잘 나타나는데, 그 원칙들은 '정직', '탁월함 추구', '인간에 대한 깊은 존중'이다.

① 정직은 회사의 사명의 핵심 개념인 '가치의 기준에 충실한 것'으로 시편 15:4의 "그 마음에 서원한 것은 해로울지라도 변치 아니하는" 자의 성품을 말한다.

② 탁월함은 하나님의 창조의 가장 뛰어남을 반영한다. 베켓에 따르면 "하나님의 나라를 드러내는 것은 무엇이든 탁월할 것이다. 궁극적으로 탁월함은 제품과 과정에 의해서가 아니라 사람에 의해 정의된다."

③ 인간에 대한 깊은 존중'에 대해 베켓은 말한다. "하나님이 사람을 보시는 방법으로 사람을 보는 것이 중요합니다. 사람들은 자신들의 업무와 업무 관련 사항들이 품위 있고, 매력적이며, 보상적이며, 즐겁기를 원합니다. 우리 회사는 종업원들의 웰빙과 개인의 성장에 우선순위를 둡니다." 회사는 여성들에게 출산휴가를 연장해 주고, 양자를 둔 가족을 지원한다. 회사는 종업원들 스스로가 자신들이 소중하며 가치 있는 존재로 여길 수 있는 작업환경을 제공해 준다.

베켓은 사업의 성공을 회사의 규모와 이익의 확장에 두지 않고 화목하고 행복한

> 가정(사랑하는 아내와 자식이 6명이나 되는 단란한 가정), 주변사람들에게 얼마만한 혜택을 부여했는지, 하나님이 맡기신 회사를 얼마나 잘 관리했는지에 두었다.

4 _ 올바른 사고방식을 가져야 한다

제 아무리 불가능하게 보이는 일이라도 해 낼 수 있다고 생각하고 될 때까지 해내면 된다. 불가능하다고 생각하면 불가능하다. 이런 의미에서 "할 수 있다고 생각하면 할 수 있고, 할 수 없다고 생각하면 할 수 없다."는 헨리 포드의 말은 옳다.

삶의 성공 여부를 결정짓는 가장 중요한 요소는 정신 상태이다. 사고방식이 긍정적인가 부정적인가에 따라 인생과 사업은 크게 영향 받는다. 우리의 몸은 우리가 섭취하는 음식으로 이루어져 있다. 성경은 우리가 생각하는 것으로 우리가 이루어져 있다고 분명하게 가르친다(잠 23:7). 크리스천 사업가는 올바른 사고방식을 가져야 한다. 여기서 형용사 '올바른'은 영어 right로, right는 '하나님이 원하시는'이란 의미이다. 그러므로 크리스천 사업가는 날마다 그리스도의 마음을 달라고 구해야 한다. 성경은 우리에게 오직 마음을 새롭게 하여 변화를 받으라고 강력히 권고한다(롬 12:1~2). 몽골과 카자흐스탄 경계지역에 가면 독수리로 사냥하는 카작 족이 있다. 이들은 독수리를 이용하여 주로 늑대나 여우를 잡는다. 어미 품에서 자라고 있는 어린 독수리를 적절한 때에 데려다 먹이를 주며 조련시킨다.

관건은 독수리의 야성을 사냥꾼이 어떻게 억제하느냐에 달려 있다.

늑대 새끼를 데려다 음식을 주면 야성을 잃고 개로 길들여진다. 말도 그렇다. 이렇게 길들여지면 그 동물들은 자신 안에 있는 가능성을 다 상실하고 오직 인간에게 유익한 기능만이 숙달될 뿐이다.

코끼리도 그렇다. 코끼리는 육지에서 가장 크고 강한 동물이다. 이 코끼리를 조련할 때 흔히 쓰는 방법이 코끼리를 좁은 공간에 가두어두는 것이다. 어린 코끼리의 꼬리에 줄을 매달고 말뚝을 묶어 놓으면 처음에는 벗어나려고 사투를 벌이지만 힘이 부족한 새끼 코끼리는 결국 포기한다. 그리고 어느 순간부터 벗어나고자 하는 생각을 멈추게 된다. 다 자라서 자신을 묶고 있는 줄과 말뚝을 뽑아낼 충분한 힘이 생겼어도 코끼리는 뽑아낼 생각을 하지 못한다. 지난 실패에 대한 기억과 사고방식이 자신의 모든 잠재력을 사장시키고 만 것이다.

이렇게 무능력화된 코끼리들과 같은 이들이 있다. 이들은 여러 정신적인 장애로 인해서 자신의 잠재력을 실현하지 못한다. 크리스천 사업가라면 태도에 영향을 끼치는 정신적 장애물들을 무너뜨려야만 한다. 낙심, 실패, 성공은 대표적인 정신적 장애요소들이다.

1) 낙심

사업은 낙심의 연속이기도 하다. 모든 것을 주께 맡기고 가진 바 모든 힘을 다해 일하고 있는데도 사업에 수익이 발생하지 않으면 낙심하게 된다. 가장 믿었던 사람 때문에 크게 낙심하게 되는 경우도 있다.

그러나 크리스천 사업가라면 좌절과 실망에 포박당해서는 안 된다. 성경은 줄곧 우리에게 낙심하지 말라고 명령한다. 성경에 나오는 믿음의 영웅들은 모두 좌절의 세월을 겪어낸 사람들이다. 욥, 요셉, 다윗, 그리고 바울과 베드로까지 모두가 깊은 좌절과 낙심의 수렁에 깊이 빠졌던 사람들이다. 하나님은 여호수아에게 담대하라고 말씀하셨다.

낙심에 대한 효과적인 처방약은 여태까지 함께하신 하나님의 신실하심 또는 앞으로 다가올 그리스도의 승리의 영광을 묵상하는 것이다(계 11:15).

2) 실패

또 다른 정신적 장애물은 실패이다. 그러나 어떤 사람은 실패를 한 걸음 나아갔다고 생각한다. 실패를 어떻게 바라보고 다룰 것인가는 매우 중요하다. 실패는 우리 자신에 대해서, 하나님에 대해서, 그리고 일터에서의 우리의 사역에 대해서 많은 것을 가르쳐준다. 실패에 대해 아주 건강한 자세를 가진 사람 중 하나는 바로 토마스 에디슨이다. 전구를 발명하는데 수천 번의 실패를 거듭하면서도 그는 "만 번의 잘못된 시도를 하더라도 나는 실패하지 않았다. 나는 낙담하지 않는다. 모든 잘못된 시도들은 앞으로 나아가는 걸음이기 때문이다"라고 했다. 비전, 아이디어, 그리고 꿈을 추구하는 것은 강인한 열정을 필요로 할 뿐만 아니라 실패로부터 배울 수 있는 자세를 필요로 한다.

3) 성공

성공 그 자체가 올바른 사고방식의 장애요인이 될 수 있다. 올바로 경영되지 않은 성공은 오만함과 무기력한 상태를 야기하기 때문이다. 수많은 사람들이 어려운 상황에서 하나님을 절실하게 찾는다. 하지만 성공가도를 달리기 시작할 때, 그들은 하나님을 저버린다. 하나님이 당신에게 성공과 사람들의 인정을 허락해 주실 때, 당신은 그분을 기억하고 그분에게 영광을 돌리겠는가? 도가니로 은을, 풀무로 금을, 칭찬으로 사람을 단련한다고 했다(잠 27:21). 성공이라는 장애를 어떻게 극복할 것인가? 성공은 당신으로 하여금 오판하게 하고, 영광의 대상이 하나님이 아니라 당신 자신이라고 생각하게 한다. 우리가 정신 차리고 겸손하고 감사하지 않으면, 성공은 우리를 오만과 그릇된 자신감의 늪으로 끌어들일 것이다. 또 너무 많은 성공은 우리로 하여금 현실을 왜곡된 관점에서 바라보게 하기도 한다.
성경은 우리에게 무엇이든지 참되며
경건하며 옳으며 정결하며 사랑받을 만하며
칭찬받을 만한 것들로 우리의 생각을
채우라고 가르친다(빌 4:8). 당신의 자세가
당신의 성공을 결정한다. 당신의 생각을
하나님의 진리에 맞추어 재조정하고 그분이
당신의 삶과 사업에 대한 생각을 올바르게
훈련시키시도록 하라.[8]

5 _ 멘토를 모셔라

전통적으로 인류는 가족 사업Family Business을
유지해 왔고, 크리스천들 역시 선대로부터
이어져 온 또는 아버지가 창업한 회사를
물려받아 더 성장시키면서 가족 사업을
유지해 왔다. 이런 이유로 아버지는 늘
아들의 멘토였다. 특히 사업에서는 더
그러했다.
그러나 21세기에 이르러, 물론 빌 게이츠의
경우처럼 아버지가 인생의 멘토인 경우도
있기는 하지만[9], 아버지의 멘토십은 거의
사라지고 말았다. 그간의 산업혁명이라는
수차례의 지각변동을 경험하면서 아버지의
리더십과 경험 그리고 사회성과 전문성이,
급격하게 변화하는 시대를 살아야 하는
아들의 미래를 보장할 수 없다는 냉엄한 현실
때문이다.
아버지의 멘토십이 사라진 이 시대에

멘토로서의 아버지를 대신할 분이 필요하다. 우리 사회의 어느 영역에서든지 성공했거나 앞서가는 이들에게는 반드시 멘토가 있다는 사실이 이를 증명한다. 이들은 자신이 원하는 일을 이미 누군가 성취했다는 사실을 알고 성취한 그분들을 멘토로 모신 것이다. 크리스천 사업가에게도 크리스천 사업의 경험과 지혜가 풍부한 멘토가 필요하다. 크리스천 사업가인 멘토에게는 전문성뿐만 아니라 경험과 지혜와 현명한 친구들이 있어, 넓고 거친 바다를 항해하는 사업가들을 안내해 줄 나침판과 등불이 될 수 있다. 멘토를 모시는 일과 관련하여 네 가지를 추천한다.

1) 자신이 주도하는 모임에서는 멘토를 만날 수 없다

빌 게이츠가 그랬듯이 자신이 기쁘게 들러리가 되는 모임에서 나를 들러리로 만드는 사람들과 어울려야 내게 롤 모델이 되고 멘토가 될 분들과 만나게 되어 새로운 시각을 배우는 기회를 가질 수 있다.

2) 멘토가 될 가능성이 있는 분들이 기대하는 존재가 되어야지 부담이 되는 존재가 되어서는 안 된다

본인이 신뢰할 만한 멘토를 찾듯이 멘토들 역시 신뢰할 만한 사업가를 찾는다. 크리스천

사업가 멘토들은 '무슨 수를 써서라도
사업에 성공하는 것'에는 관심을 두지 않고
오히려 실패에서 교훈을 얻어 새로운 사업에
도전하는 사업가들을 주의 깊게 관찰한다.

3) 아낌없이 투자하여 멘토를 모셔라

멘토가 될 수 있는 분들을 가까이 할 수 있는
환경을 만드는데 우선순위를 두고, 멘토로
모시기 위해 아낌없이 투자하라. "세계에서
가장 부유하고 성공한 사람 대부분이 성공의
비결로 멘토를 꼽는다."[10] 크리스천 사업가로
성공하기를 원한다면 크리스천 사업가로
성공한 분을 멘토로 모시는 것만큼 최고의
투자는 없다.

**4) 개인적인 멘토를 모셨느냐 모시지
못했느냐와 관계없이 멘토들의 그룹을
만들어라**

나는 롭 뮤어Rob Moore가 주장하는
마스터마인드 그룹Master Mind Group과 같은
형태의 모임을 추천한다.

*당신이 닮고 싶고 배우고 싶은 사람을 찾아라.
당신의 발전을 이끌어줄 멘토와 롤 모델을
탐색하라. 더 빨리 성장하고 싶다면, 더 많은 경험과
지식을 가지고 있는 사람들을 모아 마스터마인드
그룹을 만들어라. 당신을 든든하게 지지해줄 뿐
아니라 문제를 해결할 수 있도록 도와주는 훌륭한*

후견인이 될 것이다. 명심하라. 현명한 사람들이 알고 있는 비밀은 그들이 알고 있는 현명한 사람들이다.[11]

6 _ 피어 그룹 Peer Group 에 속하라

마스터마인드 그룹이 멘토 그룹이라면, 피어 그룹은 크리스천 사업가 동료 그룹이다.
사업과 사역(선교)에 대한 사명을 진 크리스천 사업가는 굉장히 고독하고 힘들다. 신앙과 사업의 통합화 등에 대한 매일의 현실적인 고민과 문제들은 정신적으로도, 영적으로도 자기 혼자 해결하기는 벅차다.
피어 그룹에 속해 서로에게 영적인 버팀목이 되어준다. 또한 크리스천 사업가로서 직면하는 사업의 여러 문제들을 나누고 성경적이고 창의적인 문제해결을 도모한다. 고독할 수 있는 크리스천 사업가들의 동역과 교제를 도모한다. 서로가 그들의 믿음의 경주에서 벗어나지 않도록 영적 자문을 해준다(잠언 12:15, 15:22, 20:18, 24:6).
크리스천 사업가인 당신이 당신의 사업을 포함한 인생의 모든 것을 나눌 피어 그룹이 없다면 먼저 지역의 CBMC 모임에 참석할 것을 권한다. CBMC 멤버 중에는 동역과 교제를 도모하며 서로가 믿음의 경주에서 벗어나지 않도록 중보기도를 나눌 크리스천 사업가들이 있다.

동지Peer끼리 당연한 일이 아닙니까?

동남아의 한 공산국가에서 사업을 하는 김대영 사장은 매우 모범적인 크리스천 사업가이다. 백여 명에 이르는 직원을 고용하여 세조공장을 운영하는 김 사장은 가격 경쟁이 아닌 제품 경쟁에서 앞서는 부가가치가 높은 사업체를 운영하고 있다. 크리스천 사업가가 운영하는 회사가 거의 그렇듯이 김대영 사장의 회사 역시 불신자로 입사한 직원들이 3년 정도가 지나면 대부분 크리스천이 된다.

김 사장은 사업에 전념하고, 김 사장의 아내는 직원을 대상으로 성경공부와 제자훈련, 상담과 복지를 전담한다. 이렇게 훈련받은 직원 부부를 그 나라의 매우 낙후된 지역에 비즈니스 선교사로 파송한다. 어떤 한 부부의 경우는 자원하여 가장 가난한 지역으로 들어가 비즈니스 선교를 감당하고 있기도 하다.

몇 년 전 김 사장과 피어 그룹 멤버인 최 대표의 공장이 불이 나 큰 어려움에 처했을 때 김대영 사장은 자기 회사 직원 70여 명을 불에 탄 공장에 보내 정리를 도왔다. 최 대표가 김 사장에게 고마움을 표하자, 김 사장은 "동지끼리 당연한 일이 아니냐?"고 반문했다.

7 _ 크리스천 사업가는 거룩해야 한다

크리스천 사업가는 거룩한 삶을 살아야 한다. 일반적으로 거룩을 개인의 경건과 깊이 연결 짓는 데, 거룩은 이를 포함하여 이 세상 모든 사람들이 샬롬으로 '하나 되게^{wholly}' 하기 위해 자신을 희생하는 삶이다. 거룩은 개인의 경건에서 시작하여 타인을 위한 희생으로 완성된다.

말라카에 희생당하는 자들을 치유하고 보호하는 것은 물론 희생자를 양산하는 말라카 시스템을 고치고 바꾸는 삶이 거룩한 삶이다. 배고픈 이에게 빵을 주고, 쉴 곳이 없는 자에게 쉴 곳을 제공해 주는 것은 당연하다. 이와 더불어 이들 스스로 이 어려움을 극복하여 샬롬을 누릴 수 있게 하는 아보다 시스템(일자리 등)을 제공해 주는 것과 이들에게 주어야 할 빵을 가로채는 악한 시스템 개혁을 병행하는 것은 참으로 바른 삶이자 거룩함이다. 바른 삶은 총체적이며, 그 자체로 주도적인 거룩이다. 크리스천 사업가라면 주도적으로 거룩한 삶을 살아내야 한다.

8 _ 사업으로 예배하라

사업(아보다)은 예배(아보다)이다. 그러므로 사업을 예배드리듯 운영해야 한다.

1) 탁월해야 한다

하나님의 창조와 구원 사역은 가장 탁월했다. 사업으로 하나님께 영광을 올려드려야 하는 크리스천 사업가는 탁월한 제품과 용역과 서비스로 사업을 운영해야 한다.

2) 집중(몰입)해야 한다

동시에 많은 일을 해내야 하는 시대이다. 하지만 이는 바람직하지 못하다. 이그냐우스의 말대로 하나님의 영광은 인간이 완전히 깨어있을 때이다. 그러므로 우리가 집중하여 일하는 것이 하나님에게 영광을 올리는 것이다.

3) 성령의 능력으로

성령의 은사와 열매 그리고 능력을 통해 성령은 사업에서 그리스도를 영예롭게 하기 원하는 사업가들에게 경쟁력 있는 유리함을 가져다준다. 그러므로 크리스천 사업가의 삶과 사업에 초자연적인 성령의 터치가 있을 것이 분명하다.

4) 선한 동기로

사람에게 인정을 받거나 칭찬받으려 하지 말고 하늘의 칭찬을 받으려 하라. 예수께서는 예수의 이름으로 그의 영광을 위하여

행해지는 아주 작은 친절에도 보상이 있을 것이라 약속했다(마 6:3~4).

5) 감사함으로

크리스천 사업가에게 사업은 의무가 아니라 은사이다. 일 할 수 있는 건강에 감사하고 사람들이 당신의 제품과 서비스를 원한다는 것에 감사해라(골 3:17).

6) 하나님의 영광과 하나님의 나라의 확장을 위하여

일이 사역이다. 모든 사역은 하나님이 공급하시는 능력으로 해야 하고 이 모든 것들이 그리스도 예수를 통하여 하나님이 영광을 받는다(벧전 4:10~11).

7) 주께 하듯이

성경은 우리의 재능으로 하나님의 나라를 위해서 일하라 한다. 우리는 천국에 속한 존재인데 왜 이 땅에서 우리가 가지고 있는 능력으로만 일하려 하는가. 크리스천 사업가는 이래선 안 된다. 영원을 바라보며 재능을 극대화시켜 권능으로 일해야 한다.[12] "말라위 '에바다 치과 Evata dental clinic'는 '예배로서의 일상의 삶이 실천되는 병원'을 지향합니다." 말라위로 이주하여 또 하나의 '에바다 치과'를 개업히는 강지헌 원장의 말이다. 강 원장은 몽골에서 십여 년간 최고 수준의 치과병원을 운영하다 제자인 몽골인 의사들에게 병원을 조건 없이 이양하고 아프리카 말라위로 왔다.[13]

일상도 그렇지만 사업(아보다) 역시 하나님을 영화롭게 하는 행위이자 곧 예배(아보다)이다. 크리스천 사업가는 사업과 예배를 구별하면 안 된다. 여기서 구별이란 예배가 사업보다 더 중요하다거나 사업은 세속적인 일이기 때문에 예배만큼 중요하지 않다고 자리매김하는 것이다. 크리스천 사업가에게는 사업이 사역(아보다)이다. 사업이 예배이자 사역이니 이것들을 구별해서는 안 된다고 확신하지 못하는 크리스천 사업가라면 인식의 변화가 필요하다.

하나님이 당신에게 주신 은사를 마치 아프리카 오지에서 사역하는 선교사처럼 사역의 한 형태로 온전하게 사용해 보라. 이처럼 하나님이 당신을 불러 명하신 사업에 당신의 시간 전부를 사용하지 않고 있다면 당신은 과연 누구를 위해 사업하고 있는가?[14] (댄 밀러)

9 _ 영적 위계질서와 성−속 이분론을 거부하고[15] 만인제사장 교리를 받아들여라

물론 나도 만인제사장 교리를 믿고 영적 위계질서를 부정하지요. 그러나 비즈니스 선교의 현장에서 목사나 선교사를 만나면 이 질서를 극복하기가 쉽지

않지요. *(권종섭, 노아 컨설팅 대표)*

1) 영적 위계질서는 거짓이다

크리스천 사업은 '전통적인 성직자가 하는 일을 하나님께서 먼저 받으시고 평신도 사역을 그 다음 순위로 받으신다'는 영적 위계질서를 배격한다. 이 주장은 전혀 성경적이지도 않다.[16] 그러나 사업 현장에서 만인제사장의 삶을 살아낸다고 해도 영적 위계질서를 극복하기가 쉽지 않다. 필리핀 유니 그룹의 장재중 회장이 지적하듯이 "이러한 잘못된 가름이 누가 시켜서가 아니라 성도들 자신들이 그렇게 생각하고 행동하고 있기 때문이다."

크리스천은 모두가 그리스도의 한 몸을 이루는 지체들이며, 그리스도의 몸 안에서 모두가 평등하며, 누구라도 자신의 위치에서 하나님의 선교에 동참할 수 있어야 하는데, 소위 선택받은 극소수만이 하나님의 선교에 임하고, 그 일이 가장 가치 있고, 위대한 일이라 생각해 왔다. 그러나 아이티의 슈바이처라 불리는 의사인 김용재 선교사의 말대로 "하나님과 그분의 백성을 섬기는 일에 성직자와 평신도를 따로 구별할 이유가 전혀 없다."

신약 성경을 보면 하나님의 백성은 하나다. 목회자는 단지 하나님의 백성 중에서 하나님의 백성을 섬기는 사람일 뿐이다(엡 4:11~12).

성경에 등장하는 대부분의 위대한 영웅들은 세속적인 직업에 부름 받은 사람들이었다. 아브라함은 요즘으로 보면 부동산 개발업자였고, 야곱은 목장의 일꾼이었고, 요셉은 국무총리였고, 에스더 왕후는 미인 대회 입상자였고, 루디아는 직물 짜는 사람이었다. 그 외 많은 영웅들은 군인들이었다. 다니엘은 바벨론의 하버드대학을 졸업한 정치인이었다. 이들은 목회자도 아니었고, 목회자를 돕는 직업에 종사하지도 않았다. 사실상 그들은 자신들이 믿는 신념과는 반대편에 있는 조직 속에서 리더로 일했다. 한 마디로 그들은 세속적인 조직을 위해 일했다. (데니스 바케)

2) 영적인 일과 세속적인 일을 구별할 이유가 없다

영적인 일과 세속적인 일도 구별할 이유가 없다. "우리가 날마다 행하는 세속적인 일이 영적으로 열등하다는 생각은 나사렛에서 목수로 일하셨던 예수님께 초점을 맞추면 결국 무너지고 만다."[17] 예수께서는 자신이 만든 제품이나 서비스를 팔아서 자신과 가족의 생계를 꾸리셨다. 예수님은 오늘날 교회에서 세속적이라 부르는 일을 하신 것이다. 성경적인 관점에서 보면 일(아보다)은 존엄하며 모든 직업이 다 거룩한 일이다.

인간의 삶에서 부를 소유하고 그 힘을 사용하는 것은 성경 공부나 기도 모임을 하는 일과 마찬가지로 구원받은 삶의 한 표현이 되어야 한다.

하나님 나라를 위해 공장을 운영한다거나 광산, 은행, 백화점, 학교, 정부기관 등을 운영하도록 영적인 부르심을 받은 것은 목회를 하는 것이나 부흥사로 활동하는 것과 마찬가지로 어렵고 위대한 일이다. 세속적인 일반 직업과 성직 사이에 굳이 인위적인 경계선을 긋지 않는다면, 사실 세속적인 것과 성스러운 것 사이에는 근본적으로 아무 구분이 없다. … 경건한 사람들은 '교회에 가서 헌신적으로 일하는 것'을 자연스럽게 생각하고 그렇게 행한다. 그러나 사실상 그런 행위에만 그쳐서는 안 된다. 전도, 목회, 선교에 자신들이 쏟은 열정으로 언론계, 금융계, 교육계, 법조계, 산업계, 농업계에 종사하면서 거룩한 명령을 수행해야 한다. (댈러스 윌라드)

3) 크리스천 사업가들은 제사장이며 사역자다

모든 크리스천이 제사장으로 부르심을 받았듯이(고전 1:9) 크리스천 사업가도 사업의 영역에서 제사장으로 부르심을 받았다(벧전 2:4, 9~10). 젠 에드워드의 말을 빌리면 "모든 성도의 제사장 됨은 우리 모두를 교회의 일꾼으로 만들지 않았다. 오히려 이는 우리가 하는 모든 일을 신성한 소명으로 변화시켰다."

교황, 주교, 신부, 수도사들을 '신령한 직분'으로 칭하면서 왕족, 귀족, 장인, 농부들을 '세속적 직분'이라고 부르는 건 모두 지어낸 소리(허구)다. 철저한 기만이요 위선이 아닐 수 없다. 그러므로 누구도 거기에 주눅들 이유가 없다. 크리스천이라면 누구나 진정으로 신령한 직분을 가졌으며 직무의 종류가 다르다는 것 말고는 아무런 차이가 없기 때문이다. 사도 베드로의 말처럼 세례와 함께 제사장으로 드려졌기 때문이다. "너희는 왕 같은 제사장이요 거룩한 나라요"(벧전 2:9). 계시록은 이렇게 가르친다. "피로 사서 나라와 제사장들을 삼으셨으니 그들이 땅에서 왕 노릇 하리로다"(계 5:9~10).[18]

10 _ 종의 리더십 Servent Leadership 을 가져야 한다

인자가 온 것은 섬김을 받으려 함이 아니라 도리어 섬기려 하고 자기 목숨을 많은 사람의 대속물로 주려 함이니라(마 20:28).

종의 리더십은 영적 영향력을 끼쳐야만 하는 크리스천 사업의 성패에 직접적인 영향을 끼치는 결정적인 요소이다. 크리스천 사업가는 리더이기 때문에 섬기는 것이 아니라 먼저 종의 마음을 가졌기에 섬겨야 한다(빌 2:3~5). 마르쿠스 멜리거 Markus Melliger 에 의하면 종의 리더십의 본질들은 다음과 같다.

- 남을 우선시한다.
- 남을 일으켜 세운다.
- 사람들의 성장에 헌신한다.
- 사람들을 격려한다.
- 사람들에게 능력을 부여한다.

- 경청하는 사람이다.
- 대화를 촉진한다.
- 진실한 감정을 만들어간다.
- 공동체를 세운다.
- 사회의 선한 것을 위해 일한다.
- 남의 유익에 대해 관심을 가진다.
- 실수를 인정한다.
- 충실한 청지기이다.
- 본으로 이끈다.[19]

11 _ 외적인 변화보다는 내적인 변화에 우선해야 한다

사업에도 절제와 가난, 고결함이 필요하다.
(프란치스코 교황)

크리스천 사업가는 외적인 변화에 앞서 내적인 변화에 집중해야 한다. 우리 안에 성령의 아홉 가지 열매가 맺어져야 세상에도 그런 영적 변화가 맺어지기 시작한다 (마 23:27, 막 7:21~23, 고후 5:17). 사업계의 개혁에 앞서 사람의 변화가 우선되어야 하고, 시스템 개혁에 앞서 크리스천 사업가가 먼저 그리스도 안에서 새로워져야 한다.

4장

크리스천 사업가의 사명

크리스천 사업가들의 사명은 분명하다.
성경을 나침판으로 사업을 운영하며 사업 그
자체와 이익으로 이웃의 가난을 해결하고,
사회의 영적 자본을 늘리고, 척박한 자연을
회복하고 잘 관리하며, 하나님 없는 삶과
말라카 세계에서 신음하는 이들을 구하여
샬롬을 누리게 하는 것이다.

1_사업은 성직이다.

대체적으로 성도들은 교회에서 헌신적으로
봉사하는 것을 경건한 삶이라 생각하고
그렇게 행하지만 크리스천 사업가들은
거기에만 그쳐서는 안 된다. 크리스천
사업가들은 전도, 사역, 선교에 자신들이
쏟은 열정 그 이상으로 제조업, 유통업,
건설업, 언론계, 금융계, 교육계, 법조계,
산업계, 농업계에 열정적으로 종사해야 한다.
이 모든 것들이 사업(비즈니스)으로 거룩한

명령을 수행하는 사역과 선교 그 자체이다.

크리스천 사업가들은 '더 귀한 성직'을 찾아가야겠다는 잘못된 생각으로 직업을 바꿔서는 안 된다. 비즈니스에 내재된 영적인 가치를 깨달아야 한다. (켄 엘드레드)

2 _ 순종

하나님은 다양한 방법과 통로를 통하여 크리스천 사업가들에게 말씀하신다. 성경으로, 설교를 통해, 배우자를 통해, 자녀들을 통해, 우연히 만난 오래 전 지인으로부터, 병들어 고통 중에, 성공과 실패를 오가는 긴박한 상황 속에서, 비행기가 연착되어 밤새 공항에서 대기하는 중에, 이러저러한 갈등 중에, 돈을 떼이고, 의심을 받는 중에, 또 의심을 하는 중에 등등. 이러한 것들을 통해 직간접적으로 듣게 되는 하나님의 말씀은 크리스천 사업가들의 인생의 과정과 성경과 세상, 그리고 사업에 대한 시각, 교회, 청지기직, 순종 그리고 우리가 일생을 통해 감당할 일생의 사역에 관한 것들이다. 크리스천 사업가가 하나님의 말씀에 순종하면 자기에게 맡겨진 '십자가를 지고 그리스도를' 따르는 크리스천 사업가의 영적 여행이 진행된다.

3 _ 소명

하나님을 따르는 이들을 우리는 세상의 '빛과 소금'이라 부른다. 그러나 우리가 사업 영역에서 하나님의 제자들의 삶을 보면 우리의 사명을 잃고 지내는 것이 아닌가 하는 생각이 든다. 웹스터 사전에서는 vocation(소명)을 정의하기를 "정해진 또는 적합한 일"이라고 했으며 calling은 "직업, 거래, 비즈니스, 전문영역"으로 정의하고 있다. 우리의 사명을 감당하기 위해서는 하나님의 목적뿐만 아니라 사회에서 우리가 감당하는 특정한 영역의 직업의식을 조합할 줄 알아야 한다. (마룩스)

그리스도인들 중 3% 정도만 전임 사역자로 부름을 받았고 97%는 자신들이 일을 천직으로 하나님 나라를 이룬다. 그러나 하나님으로부터 부르신 소명은 오직 소수의 전임 사역자들만의 것인 양 인식하고, 대부분의 크리스천들은 재정적으로 전임사역을 돕는다.[1] 그러나 크리스천 사업가는 자신의 사업에서 소명을 발견하는 것이 매주 중요하다.[2] 자신의 사업에 강한 소명을 느끼게 되면 사업가는 선한 사업으로 하나님께 영광을 올려 드린다.[3]

4 _ 재능

하나님은 우리의 소명을 따르는 데 필요한 재능을 우리에게 주셨다. 사업에 관한 저의 관심과 재능은

제가 그분께 영광을 돌릴 수 있도록 그분께서 허락하신 것이다. 이러한 재능들은 우리가 하나님의 효과적인 대리인으로서 매일의 삶 속에서 우리가 만나는 이들에게 하나님의 사랑을 나타내기 위한 것이다. (켄트 험프리스)

출애굽한 이스라엘 민족이 광야에서 이동하는 동안 하나님께서 만나와 메추라기를 공급하셨다. 그러나 이스라엘 민족이 가나안에 들어가 그들 스스로 식량을 구할 능력을 갖게 되자 만나는 거두어졌다(수 5:12). 이후로 백성들은 하나님이 주신 재능으로 자신들의 필요를 채우게 되었다.

은사 gift와 재능 talent은 다르다. 은사는 교회 공동체를 세우고 그 사역과 선교를 위해 일시적으로 주어지는 선물이라면, 재능은 생존과 나눔을 위해 이 세상 모든 사람들에게 주어진다.

하나님은 크리스천 사업가들에게 이익을 남길 수 있는 재능을 이미 주셨다. 재능은 노력(연습과 훈련)에 의해 그 탁월함이 극대화된다. 자신의 재능을 극대화하여 인류를 섬기는 것은 하나님의 뜻을 성취하는 것이다. 종두법을 개발하여 인류를 천연두에서 구한 에드워드 제너[4]가 좋은 예다.

19세기에는 천연두라는 질병 하나가 500만 명의 목숨을 앗아갔다. 다행히 20세기에 들어서면서 수많은 학자들과 의료전문가들의 헌신으로

천연두는 완전히 근절된 첫 번째 질병이 되었다. 하지만 천연두 백신이 처음 개발되었을 당시에 내로라하는 그리스도인들이 '하나님의 뜻'을 거스르는 처사라며 접종 반대 의사를 밝혔다. 나는 그들과 정면으로 대치되는 얘기를 할 수밖에 없다. 백신을 개발한 에드워드 제너야말로 하나님의 뜻을 성취해낸 용감한 인물이었다. 주님이 그토록 사랑하는 백성들을 치료해서 건강하게 만들지 않았는가?[5]

5 _ 의롭고 공평함[6]

크리스천 사업가는 의롭고 공평해야 한다(골 4:1). 의롭고 공평한 리더십의 실제는 다음과 같다.

① 먼저 직원들이 해야 할 일을 분명히 하고, 납득할 만한 업무시간과 그에 따른 보수를 지급해야 한다. 또 그들을 예의로 대해야 하며, 정직한 피드백을 해야 한다.

② 갈등 해결에 적극적으로 대처해야 한다. 이에는 용기가 필요하다. 대개의 사람들은 갈등 해결에 적극적으로 대처할 용기가 없다. 대신 서로에 대한 원망을 쌓으며 갈등을 고착화시킨다. 이렇게 되면 서로에게 공격적이 되고 또 실망감을 안겨준다. 무엇보다도 성과 부진이나 관계에서의 갈등은 즉시 해결해야 한다.

③ 직원 중 누구라도 왕따시키지 않아야 한다. 크리스천 사업가가 직원을 왕따시켜서는 안 되지만, 직원들이 한 직원을 왕따시켜서도 안 된다. 서로를 험담하는 환경을 조성하지 말아야 한다.

④ 정직하게 성과를 평가해야 한다. 예상치 못한 연말 평가로 직원들을 놀라게 하지 말고, 업무를 진행 과정에 따라 그때그때 평가해야 한다. 연말 평가에서 나오는 어떤 이야기도 뜻밖의 것이어서는 안 된다. 마찬가지로, 불편하다는 이유로 개선이 필요한 부분에 대한 이야기를 꺼려서도 안 된다.

⑤ 직원들이 성장하고 경제적으로 번창할 수 있는 환경을 만드는 것이다. 이는 물리적인 공간뿐만 아니라, 심리적으로 직원들이 존중받는 안전한 공간을 만드는 것을 포함한다.

⑥ 시스템의 실패가 원인이라면 직원들에게 책임을 전가하지 않는 것이다. 다운사이징과 마찬가지로 시스템이 적절하지 못해서 생긴 결과의 책임을 직원들에게 전가해서는 안 된다. 직원을 질책하기 전에 시스템을 고치는 것이 우선이다.

⑦ 직원들이 반복적으로 실패하는 업무가 있다면 없애버린다.

⑧ 직원이 그의 급료에 맞는 역할을 해내지 못한다면 다른 직책을 주어야 한다. 그러나 회사 내에 그에게 맞는 직책이 없다면, 그 직원이 자신의 재능을 발휘할 수 있는 회사로 옮기도록 해야 한다. 이는 해고를 의미한다.

6 _ 선교(사역)적으로 거점화

사업의 모든 영역이 선교(사역)적 거점이다. 이 거점은 하나님의 사역이 이루어지는 토대를 제공하는 처소이다. 예수께서 이 거점을 활용하셔서 치유와 선포를 통하여 하나님의 나라를 전하신 것은 신약성경의 도처에서 확인할 수 있다(마 4:12~13; 막 1:29~31, 8:11~9:50; 요 11:1~57, 13:1~). 이 본문들은 예수께서 파송되는 제자들에게 사역(선교) 거점 활용법을 전해 주셨음을 보여 준다. 선교(사역) 거점 활용법은 크리스천 사업가로 비즈니스 선교사인 바울을 비롯하여(행 13:1~3, 15:35, 16:12~14, 18:1~4, 11, 19:1~9), 2000년이 지난 지금에까지 선교와 사역의 현장에서 주의 제자들에 의해 가장 많이 사용되고 있는 가장 효과적인 사역 방법이다. '모든 거래와 경제 활동이 이루어지는 세계'인 사업을 예수께서 주도하시며, 하나님께서 경배받으시며, 성경적 원칙이 적용되며, 성령이 활동하시는 선교와 사역의 거점으로 만드는 일은 모든 크리스천 사업가들이 마땅히 해야 할 일이다.

*초기 기독교인들은 자신들의 일터와 집을 복음을
선포하는 거점으로 사용하였다.*[7]

7 _ 신앙과 사업의 통합

*어떤 사람들은 생계를 꾸리려 애쓰면서도 동시에
황금률을 지키는 것을 완전히 비현실적인 일 또는
순진한 짓으로까지 치부한다. 물론 바로 그런 점
때문에 많은 사람들이 종교 의식의 수준과 종교적인
믿음을 근거로 종교적 독실함을 평가하고 싶어
한다. 일반적으로 변함없이 도덕적으로 행동하는
것보다는(특별히 금전적인 면에서) 종교 의식을
착실히 지키는 것이 더 쉽기 때문이다. (랍비 죠셉
텔루스킨)*

중소기업을 운영하는 박 사장과 깊은 대화를
나눈 적이 있다. 박 사장은 일, 가족, 그리고
신앙생활 사이에서 균형을 잡지 못해 몹시
힘들어 하고 있었다. 그는 사업에서의 성공과
가정에서의 성공을 동시에 이룬다는 걸
상상조치 하지 못하고 있었다. 뿐만 아니라
스스로 너무 보잘것없는 크리스천이라고
생각했다. 하나님을 섬기고 싶은 마음과
비즈니스를 일치시킬 수 없다고 했다.
신앙생활에 집중하기 위해 사업을 포기하고
신학교에 갈 생각도 있다고 했다.
박 사장은 나를 비즈니스 선교의 전문가라고
생각하고 찾아와 긴 시간을 함께했지만, 내가
무슨 말을 해도 경청하지 않았다. 나는

박 사장과 이야기를 나누면서 내내 댄 밀러의 말이 떠올랐지만, 박 사장에게 말하진 않았다.

그리고 왜 오랜 기간 실직을 경험한 후에야 사역으로의 부르심을 발견하는 사람이 그렇게 많은지, 그 이유가 궁금하다. 하나님의 부르심이라는 것이 마지막 수단인가? 오히려 첫 번째 선택이 되어야 하지 않는가?

박 사장은 또 누군가를 이용해 이익을 얻는 것은 하나님이 원하시는 일이 아니기 때문에 할 수 있다면 영적인 일을 하고 싶다고 했다. 약육강식의 사업 세계는 신실한 그리스도인이 있을 곳이 아니라는 생각이 강했다. 박 사장은 사업은 세속적인 것으로, 신앙에 큰 방해물이라는 생각이 강했다. 박 사장은 사업과 신앙을 통합시키지 못해 갈등하는 전형적이 인물이었다.
네 가지의 '사업과 신앙' 유형이 있다.[8]

① **양다리형**
신앙생활은 하면서도 사업 목적들이 훨씬 더 중요하다고 믿는 유형이다. 신앙은 신앙이고 사업은 결국 사업이기 때문에 신앙과 성경적인 가치관들에 대한 맹목적인 순종은 사업의 성공과 상충한다고 믿는다.

② **일은 세속적이고 비영적이라고 생각하는 유형**
앞의 박 사장이 이 유형에 해당한다.
일보다는 더 영적인 가치가 있을 것이라고

믿는 사역을 갈망한다. 일과 일터는
무의미하게 여기고 직무를 소홀히 여긴다.
삶에서 사업(일)의 부분을 최소화하려고
하고 '영적인' 부분은 최대화하려고 한다.
교회 활동들과 프로그램들에 적극적으로
참여하고, 기독교 단체에서 일하는 것도
주저하지 않는다.

③ **선전후사(돈 먼저 번 후 사역)형**
돈을 벌 만큼 번 후에 사역하겠다는
유형이다. 먼저 사업에 전념하여 바라던
수준의 성공, 명예, 그리고 부를 추구한다.
사업에 성공하고 나서야 하나님과 그분의
일을 위해 헌신하고, 가치 있는 인생을 살 수
있다고 생각하는 유형이다.

④ **'사업과 신앙'의 통합형**
깨어 있는 대부분의 시간을 사업에 파묻혀
지내는 크리스천 사업가에게 가장 중요한 것
중 하나는 일과 가정과 믿음 사이의 조화를
이루고 '사업과 믿음을 통합시키는 것'이다.[9]
데니스 바케는 신앙과 사업을 통합하는
데 있어 마음에 간직해야 할 네 가지를
제시한다.[10]

- 교회에서는 복음을 전하라는 예수님의
  지상명령을 청지기로서의 사명보다 더 우위에
  두지만 하나님이 그렇게 말씀하신 증거는 없다.
- 예수 그리스도를 통해 하나님과 관계를 맺는
  것보다 중요한 것은 없다. 목회자나 영적

지도자들이 이 세상을 향한 하나님의 계획에
중요한 역할을 하는 것은 분명하다. 그렇다고 해서
그들이 농부, 사업가, 건축업자, 공무원, 정치인,
예술가, 교사, 근로자들보다 더 중요하지는 않다.
- 영적인 조직으로의 부르심이 교회나 선교회,
  그리스도인 기관으로의 부르심보다 더 나은 것도
  아니고 못한 것도 아니다. 우리들의 직업과 특별한
  재능에 상관없이 하나님은 우리가 모든 환경에서
  하나님의 일을 위해 일하도록 부르셨다. 더군다나
  복음 전파가 자신의 부르심의 우선순위라면
  교회나 그리스도인 조직보다는 세속적인
  조직에서 일하는 것이 오히려 복음 전파에 큰
  도움이 될 수도 있다.
- 사업을 하나님을 위한 사명으로 본다면 일에 대한
  우리의 태도는 긍정적인 방향으로 놀랍게 변화될
  것이다.

8 _ 사업과 사역(선교)의 통합

*우리는 쉽게 사도 바울을 목회자나 신학자로
생각을 하게 되나, 사도 바울 역시 사업가였다. 그의
선교여행은 비즈니스 루트business route를 따랐으며,
주중에는 사업을 했고, 함께 일하는 사람들과는
소그룹과 제자 훈련에 힘썼으며, 안식일에야
말씀을 선포하였다. 로마로 가기 위해서 에베소의
예언자들의 반대를 무릅쓰고 예수살렘으로 가
황제에게 재판받기를 항소하며, 로마정부가
그의 모든 여행경비와 체류비까지 지불하게
하였다. 바울에게는 복음을 전하는 것과 사생활과*

비즈니스가 구분되지 않았다. 바울의 모델이야말로 사업과 선교를 통합하여 선교적 삶을 산 크리스천 사업가의 모델이다! (이준성 교수)

얼티메이트 서포트 시스템^{Ultimate Support Systems, U.S.C}의 CEO인 제임스 디스모어^{James A. Dismore}는 사업과 사역을 통합하고 있는 대표적인 사업가다. 한 기자가 얼티메이트 서포트 시스템스에 대해서 설명해 달라고 부탁하자 제임스 디스모어는 한 줄의 문장으로 대답했다.[11]

사역을 하는 사업입니다.

바로 사업과 사역이 하나로 합쳐져 있다는 의미이다. 그에게 회사는 이익을 추구하는 곳 이상이다. 회사에 관련한 모든 이들, 직원, 고객, 또는 유통업자들에게까지 하나님의 사역을 전하는 일을 하는 곳이다.

얼티메이트 서포트 시스템스는 예수 그리스도의 복음의 진리를 알리기 위해 노력하고, 그의 삶을 본받아 행하고 타인을 사랑하기 위해 존재한다. 이는 제조와 유통에 이르기까지 전 과정에서 추구되는 가치이다. 우리는 혁신과 탁월함을 지향하며 하나님과, 우리의 직원들, 우리의 고객들, 우리의 벤더들을 향한 깊은 존경과 경외하는 마음을 가지고 회사를 성장시킨다.

기부금의 20%가량은 회사기 만든

비영리조직인 브리지 인터내셔널^{Bridge International}에 기부한다. 열두 명의 직원들이 위원회 멤버로 있는 이 조직은 절반 이상이 기독교인이다. 이 조직은 기부금의 절반은 회사 내 선교를 위해서 그리고 직원 카운슬링, 각종 중독 상담 등에 사용된다. 나머지는 대외 선교를 위해서 사용되며 그 대상은 기독인과 비기독교인 모두를 포함한다.[12]

9 _ 찾아가 섬김

예수께서는 종교 지도자와 대화하고자 하실 땐 성전으로 가셨다. 또한 상처받은 사람들을 치유하기 원하셨을 때에는 그들이 있는 곳으로 가셨다(예를 들면 우물가의 사마리아 여인). 예수께서는 사람들의 삶에 찾아가셔서 그들에게 영적 영향력을 끼쳤다. 예수님께서 사람들을 자신의 영향력 안에 있는 집단으로 끌어들인 경우는 거의 없었다. 현장으로 가셔서 그들을 만나고 섬기셨다.[13] 이렇듯 크리스천 사업가는 말라카의 현장에서 고통당하는 이들을 찾아 섬김과 나눔과 위로로 영적 영향력을 끼쳐야 한다.

10 _ 헌신

1997년 7월 1일부터 3일까지 전 세계에서

500명이 넘는 크리스천 사업가들이 남아공의 프레토리아로 모였다. 이들은 "2000년도까지 지구의 모든 사람들에게 교회와 복음을"이라는 'AD. 2000 운동'에서 창업가들로서 자신들이 어떻게 이 운동을 도울 수 있을지에 대해 질문했다. 'AD. 2000 운동'의 지도자들은 크리스천 사업가들이 문이 닫힌 여러 나라에 들어갈 수 있는 열쇠를 쥐고 있음을 알고 크리스천 사업가들에게 지원을 요청했다. 3일 동안 하나님은 참석자들의 마음속에 놀랍게 역사하셨다. 많은 참가자들이 이에 헌신하고 행동할 준비가 되었다고 선언했다.[14] 이 컨퍼런스는 아래와 같은 결론을 내렸다.

① 사업을 탁월하게 하기 위해 고군분투해야 하나 더 중요한 것은 하나님의 나라이다. 온 세계에 복음을 전해야 하는 우리의 책임을 인정해야 한다. 이는 능력과 신념이 아니라 종으로서의 태도로 이루어져야 한다.

② 모든 물질적 재화는 하나님의 것임을 고백한다. 이는 크리스천 사업가의 기업과 회사를 포함한다. 그리고 우리는 우리 자신을 하나님의 신실한 청지기로서 인지한다.

③ 크리스천 사업가로서 우리에게 맡겨진 기업들을 하나님의 목적에 충실히 사용하지 않았음을 고백한다. 우리는 동료 사업가들이 대사명에 헌신하도록 격려한다.

④ 예수 그리스도의 지도력 아래, 지구상의 모든 인류와 접촉하기 위해 전 세계적인 네트워크를 형성하기를 원한다. 이는 특별히 사업을 통해서만 접촉할 수 있고 복음을 전할 수 있는 이들을 위해서이다.

⑤ 우리는 이들의 물질적인 필요에 대한 책임 또한 느낀다.

⑥ 이 과업은 사람의 능력을 벗어나는 일이지만, 우리는 하나님이 모든 것을 가능케 하실 것을 믿는다.(눅 1:37)

크리스천 사업가는 자신의 한계를 넘어서는 목표가 있어야 한다. 이는 자신의 사업으로 세상을 조금이나마 변화시키는 것이다.[15]

5장

크리스천 사업가에게
주시는 하나님의 능력들

크리스천 사업가는 총체적 복음 Wholistic Gospel을 전하는 전도자이자 선교사이다. 전통적인 전도와 선교는 하나님과의 관계 회복에 초점을 둔 복음 a Gospel을 전한다. 그러나 크리스천 사업은 빈곤을 해결케 하고, 교회를 포함한 건강한 공동체를 세우고, 환경을 회복하고 보존하는[1], 그리고 구원사역을 통한 하나님과의 관계를 회복하게 하는, 소위 총체적인 복음을 전하는 총체적 사역(선교)이다.[2]
경제활동을 창안하신 하나님은 크리스천 사업가에게 경제활동이라는 도구를 사용하여 총체적 사역(선교)을 감당할 수 있는[3] 거룩하고 신성한 능력 divine power을 주셨다.

지혜와 지각, 그리고 재능의 극대화를 통해 사업의 탁월함을 유지해야 하는 크리스천 사업가들이 사명을 감당하는데 이 거룩한 능력들은 꼭 필요한 하나님의 에너지이다.

1 _ 복 Barak

말라카를 아보다로 바꾸는 영적 전쟁에 필요한 힘은 하나님이 주시는 능력뿐이다. 하나님께서는 크리스천 사업가를 부르셔서, 하나님의 능력으로 무장시켜, 영적 전쟁에 파송하신다.

하나님이 그들에게 복을 주어 가라사대 생육하고 번성하여 여러 바닷물에 충만하라, 새들도 땅에 번성하라 하시니라(창 1:22).

하나님이 그들에게 복을 주시며 그들에게 이르시되 생육하고 번성하여 땅에 충만하라, 땅을 정복하라, 바다의 고기와 공중의 새와 땅에 움직이는 모든 생물을 다스리라 하시니라(창 1:28).

구약성경에 파생어를 포함하여 415번 등장하는 바라크는 하나님이 피조물들이 하나님의 창조 목적에 따라 살아가도록 하나님께서 주신 에너지를 뜻한다.[4] 이 에너지로 아담과 하와는 생육하고 번식하며 에덴동산을 관리(아보다)했다.

하나님이 주시는 복(바라크)으로 아보다 할 때 샬롬이 이루어지고 유지된다. 하나님께서는 아담과 하와에게 바라크를 주셔서 에덴을 샬롬화하셨듯이, 크리스천 사업가에게 바라크를 주셔서 비즈니스 세계를 샬롬화하시기 원하신다.

2 _ 권세 εξουσια

말라카를 파괴하고 아보다를 회복하기 위해 하나님께서 주시는 능력 중의 하나가 권세다. 권세에는 사람의 권세와 하나님의 권세가 있다. 사람의 권세는 외부로부터 쟁취한 권력power이지만, 하나님의 권세는 하나님께서 우리에게 주신 영적 존재의 본질ουσια이 밖으로ες 드러나는 것이다.

성도에게는 하나님의 자녀가 되는 권세와 하나님의 자녀로 맡겨진 마땅한 일을 감당하는 권세가 있다. "하나님의 자녀가 되는 권세"를 받아(요 1:12) 능치 못할 일이 없는(마 10:1; 막9:23, 막 16:17~18) 성도는 누구라도 예수님의 제자이다. 모든 성도는 예수께서 주신 권세로 세상 끝까지 복음을 전해야 하듯이 크리스쳔 사업가 역시 예수께서 주신 권세로 세상 끝까지 두루 다니며 '총제척인 선교Wholistic Mission'에 헌신해야 한다(마 20:18).

총체적 선교는 영혼 구원에 집중하는 수직적 선교와 '하나님의 구체적인 사랑을 전하기 위해 사람들의 경제적, 사회적, 환경적, 영적 필요를 채워 주는 실천'인 수평적 선교를 통합한 것으로 그리스도인들이 모든 자원을 총력화하여 개인의 영혼 구원과 사회구원을 도모하는 총체적 사역이다. 비즈니스 선교는 총체적 선교의 매우 효과적인 도구이자, 하나님이 이 땅의 백성을 사랑하시는 핵심 전략이다.

하나님께서는 크리스천 사업가들에게 비즈니스로 하나님을 대행할 수 있는 권세를 주셔서 말라카를 아보다로 바꾸는 총체적 선교인 비즈니스 선교에 헌신케 하신다. 이 권세를 가지고 사업에 헌신하는 크리스천 사업가들에게는 불가능이 없다(빌 4:13).

3 _ 권능 δυναμεως

오직 성령이 너희에게 임하시면 너희가 권능을 받고 예루살렘과 온 유대와 사마리아와 땅 끝까지 이르러 내 증인이 되리라(행 1:8).

듀나미스(권능)은 하나님의 뜻을 이루기 위해 십자가의 길을 가셨던 예수께서 사용하셨던 힘이다. 낮아지기 위해, 섬기시기 위해, 하나님의 사랑을 이 땅에 실현하시기 위해, 희생당하기 위해, 이용당하기 위해, 무시당하기 위해, 잊히기 위해, 배척당하기 위해 순교 당하기 위해, 그러면서도 자신을 이용하고 배척하고 죽음으로 몰고 가는 그들을 끝없이 용서하고 섬기고 사랑하기 위해 예수께서 사용했던 힘이었다. 권능은 성령이 임하면 받고(행 1:8), 사역자들이 연합할 때 사역적 시너지로 작용한다. 베드로와 요한이 성전에 기도하러 갈 때 장애우를 만난다. 장애우가 빵을 달라고 요구하자 베드로는 말한다. "우리를 보라." 그리고 "당신이 바라는 금과 은은 내게

없지만 내 안에 있는 것(권능)을 네게 주노니
일어나 걸으라." 권능이 흘러나오며 장애우가
치유되었다(행 3:1~11). 이처럼 두 사역자가
연합했을 때에 그들로부터 흘러나오는
영적 시너지가 권능이다. 권세가 제자들
속에서 흘러나오듯이, 치유의 능력인 권능도
사역자로부터 흘러나와 치유케 한다.
하나님께서는 크리스천 사업가들에게 권능을
주셔서 말라카로 신음하는 이들을 치유하고
아보다로 인도하기를 원하신다.

4 _ 에피우시온 ἐπιύσιον

'일용할 양식'의 헬라어 "ἐπιύσιον"은
신약성경의 주님이 가르쳐 주신 기도(마 6장과
눅 11장)에만 등장하는 단어로 위로부터라는
뜻의 접두어 'ἐπι'와 물질, 에너지라는 뜻의
ούσιον을 연결한 예수님의 신조어이다.[5]
'일용할 양식'을 구하는 것은 부모에게는
가정을 유지할 수 있는 필수적인 양식과
비용을 충분히 달라는 기도이며, 공부하는
학생에게는 공부를 잘 마칠 때까지의 양식과
경비를 달라는 기도이며, 회사의 사장에게는
회사에 속한 모든 구성원에게 필요한 양식을
충분히 달라는 기도이자 회사를 유지할
필요한 경비를 충분히 달라는 기도이며,
국가의 지도자에게는 모든 국민에게 필요한
양식을 충분히 달라는 기도이자 국가를
유지하는데 필요한 비용을 충분히 달라는

기도이다.

제자들은 "예루살렘과 온 유대와 사마리아와 땅끝까지" 하나님의 나라가 확장되기까지 필요한 리더십과 충분한 비용과 하나님이 맡기신 사역을 이루기까지 "하늘로부터 오는 양식을 주십시오."라고 기도해야 하는 것이 마땅하다.

'일용할 양식'을 구하는 것은 효력을 회복시키는 기도이다. "네가 밭 갈아도 땅이 다시는 그 효력을 네게 주지 아니할 것이요 너는 땅에서 피하며 유리하는 자가 되리라."(창 2:4)에서 '효력'이라는 단어는 하나님께서 인간에게 맡긴 이 세상을 하나님이 원하시는 대로 다스리도록 주시는 권능이다(행 1:8).

권능이 아닌 자신의 능력으로 살아가면 효력이 발생하지 않는다. '일용할 양식'을 위한 기도야말로 제자들의 특권이자, 하나님의 능력을 인출하는 비밀번호이다. 자신의 사업으로 하나님의 영광을 더 높이려는 사업가라면 가장 먼저 간구해야 할 것이 에피우시온이다.

6장

철학, 원칙, 책임

1_사업 철학

크리스천 사업가의 사업철학은 성경에 근거해야 한다. 성경적 기업철학으로 사업하는 대표적인 크리스천 사업가 중 한 사람이 타이페이 오버씨즈사^{Taipei Overseas Co. Ltd}의 창업자이자 대표인 에드워드 수^{Edward Su}다. 에드워드 수는 타이베이 오버씨즈사의 사업철학을 다음과 같이 설명한다.[1)]

1) 당신의 일은 하나님의 소명이니 우습게 여기지 말라

어떤 이는 농부로, 주부로, 회사원으로, 경영인으로 부름을 받았다. 다른 사람이 이 위치를 어떻게 보느냐는 중요하지 않다. 하나님의 눈으로 보면 모든 사람은 제각각 특별하다. 하나님께서 나에게 타이베이 오버씨즈사를 감독하는 자리를 주셔서 감사하다. 나는 하나님의 성령이 어느 때이고 나에게 임하도록 함으로써 나의 기쁨을 누린다. 내가 말을 할 때나, 행동할 때 나는 예수님의 스타일을 모방해야 한다. 그래야 나의 동료들에게 영적으로 다가갈 수 있기 때문이다.

2) 회사가 예배하는 장소이다

예배는 꼭 교회 안에서만 이루어지는 것은 아니다. 매일 예배하는 마음으로 내 사무실에 들어간다. 그러면 저절로 주님의 축복과 그의 힘으로 말미암아 수많은 고객의 요구사항을 처리할 수 있게 된다.[2]

3) 일은 우리의 간증이다

하나님은 우리에게 저마다 다른 의무를 주셨다. 우리의 일터에서 우리가 어떻게 살기를 원하시는지 하나님이 기대하시는 바가 다르다. 누구는 보스이기도 하고 누구는 직원이기도 하다. 우리가 일을 열심히 하고, 상대방을 존중하고, 일터 안에서 기뻐한다면 고객은 우리의 행동을 통해 긍정적인 감정을 느낄 것이다. 이것이야말로 가장 좋은 복음 전달 방법이다. 우리가 일터에서 하는 행동이 바로 사회와 기독교 공동체를 연결해주는 가장 좋은 다리이다. "무슨 일을 하든지 마음을 다하여 주께 하듯 하고 사람에게 하듯 하지 말라"(골 3:23).

4) 일은 섬김의 한 통로이다

갈라디아서 5장 22, 23절에서는 하나님을 섬기는 자의 태도를 사랑, 기쁨, 평화, 인내 등의 성품으로 정의하고 있다. 이는 우리 회사 내에서뿐만 아니라 대외적으로 우리의 고객에 대해 가져야 할 성품이다. 사람들에게 크리스천 기업이 다른 기업보다 고객을 더욱더 잘 섬긴다는 것을 알려야 한다.[3]
우리 회사는 안내책자에 장애를 극복해나가는 한 소녀의 이야기를 통해 하나님의 도움으로 인생의 고난을 헤쳐 나가는 모습을 보여주고자 했다. 그리고 타이완 중부에 위치한 지지라는 도시에서 강도 7의 지진이 발생했을 때 지진 피해자를 돕고 성금을 모금했다. 이 캠페인으로 인해 더 많은 고객이 생기게 되었다.

5) 하나님의 집에 상급을 쌓기 위해 일하라

크리스천 사업가로서 복음을 알리기 위해 재정을 지원하는 일이다. 이 일을 위해서 하나님은 나에게 높은 지위를 주셨고, 지혜와 일할 수 있는 여건을 허락해 주신 것이다.

2 _ 원칙

성경적 원칙으로 성공한 사업가들은, 이 원칙을 준수했음에도 불구하고 성공한 것이 아니라, 이

원칙을 지켰기 때문에 성공한 것이다. (캔 엘드레드)

성공을 위해 사업가는 수단과 방법을 안 가리지만, 하나님을 기쁘게 하는 것이 삶의 목적인 크리스천 사업가는 그럴 수만은 없다. 크리스천 사업가는 돈도 벌어야 하지만, 비즈니스로 하나님을 영화롭게 하고 이웃도 섬겨야 한다. 여기에 갈등이 있다.
크리스천이 아니라면 돈이 되는 일인지 아닌지를 구별하여 결정하면 되지만, 크리스천이라면 먼저 하나님의 뜻을 구해야 한다. 큰돈을 벌 기회가 있어도 성경적인 원칙에 어긋나는 일이라서 거절하면, 사람들은 이를 정신 나간 행동으로 이해한다. 크리스천 사업가에게는 돈이 되는지, 하나님의 뜻에 맞는지를 동시에 생각해야 하므로 갈등이 발생한다.

1) 크리스천 사업가는 정직하고 성실해야[4] 한다

크리스천 사업가는 그리스도의 마음을 품어 발산하는 선한 성품으로 사람들의 신뢰를 얻고, 그리스도를 따르는 진실하고 투명한 삶으로 복음을 발산하도록 해야 한다. 이렇게 살다 보면 하나님께서 자연스럽게 리더십을 주시게 되어 자신의 주변에 몰려드는 다양한 사람을(동료, 직원, 교인, 친구 등) 섬길 많은 기회를 얻게 된다. 이 기회를 통해 자신의 원칙과 사업의 원칙, 그리고 목표를 자연스럽게 전할 수 있다.
성숙하고 건강한 삶으로 가정과 교회와 직장을 섬기다 보면 가정과 교회에서 존경받고, 비즈니스 현장에서도 인정받고 존경받아 그들에게 영적 영향력을 끼칠 수 있다. 어디에서든지 존경을 주고받는 성숙한 관계는 성공과 행복을 가져온다.
이처럼 사업의 원칙과 목표를 세우고 이를 지키고 성취해 나가는 것은 매우 중요하다.

2) 크리스천 사업가는 직원의 실수를 용인해 주고, 다른 신앙을 가진 직원도 수용해야 한다.[5]

누구나 실수를 통해 배우므로, 직원의 실수를 용인해 주어서 이들이 일에 대해 더 많이 배울 수 있도록 해야 한다. 직원은 이런 은혜를 받지 않으면 잠재력을 발휘할 수 없다.

3) 그리스도의 마음으로 사원의 복지에 최선을 다해야 한다.[6]

하나님께서 크리스천 사업가에게 사업을 위임하신 것은 하나님의 자녀인 사원을 사랑하고 섬기는 제사장직을 위임한 것과 같다. 사업가는 직원을 하나님께서 맡기신 하나님의 자녀로 인정하고, 전심으로 배려하고[7] 섬겨야 한다.

니스 원칙 Niese Code [8]

원칙을 지키는 대표적인 크리스천 사업가로 탑 테크Top Tech의 창립자이자 대표인 안톤 니스Anton Niese가 있다. 안톤 니스는 십계명을 자신의 사업에 접목해 니스 원칙이라는 십계명을 만들어 탑 테크에 적용하고 있다.

- 우리의 모든 행위로 하나님께 영광을 돌린다.
- 우리의 특별한 목적에 집중한다.
- 정직하고 효율적인 소통을 추구한다.
- 정기적인 휴식과 자아성찰, 그리고 여가를 추구한다.
- 경험으로부터 그리고 노인의 지혜로부터 배운다.
- 개개인의 위엄과 권리를 존중한다.
- 성비 균형을 유지한다.
- 자원을 올바른 방법으로 활용한다.
- 진실과 사실에만 기초해서 대화한다.
- 재산의 실제 주인이신 분(하나님)께 영광을 돌린다.

3 _ 책임

크리스천 사업가는 청지기로서 책임이 있다. 자신과 가족, 직원과 고객, 투자자, 이사장 등에 대한 책임이 있고, 간접적으로는 사업에 관련된 모든 이에 대한 책임이 있다. 그러나 크리스천 사업가에게 가장 중요한 책임은 회사의 주인이신 하나님에 대한 책임이다. 매 순간 모든 결정을 하나님을 위해 해야 할 책임이 있다.

1) 자신에 대한 책임

무디Dwight L. Moody는 이런 말을 했다. "진정한 당신의 모습은 어둠 속에 있다. 아무도 보지 않을 때의 당신이 진정한 당신이다." 사업가로서 당신은 결정을 내리는 데 익숙하다. 당신의 가장 중요한 결정은 거룩한 삶을 사는 것이다. 거룩한 삶을 사는 원칙을 지키는 사람이 되어야 한다. 하고 싶은 일과 하지 않을 일을 굳건하게 마음속에 새겨야 한다. 자신이 상황의 노예가 되어서는 안 된다.

2) 가족에 대한 책임

가족에 대한 책임이 사업이나 선교에 대한 책임보다 우선이다(딤전 5:8). 분명 우리에게 여러 직책을 맡기셨으나, 우리의 가장 기본적인 소명 중 하나가 부모로서의 소명이다. 결혼과 자녀 양육은 굉장히 중요하다. 사업, 선교를 위해 가족을 희생하는 것은 여러 관점에서 건강하지 않고 하나님께 불순종하는 일이다. 크리스천 사업가에게 사업과 사역(선교)와 가족(자녀양육)의 균형을 잡는 것은 너무나 중요하다.

3) 직원에 대한 책임

직원을 섬기고, 그들의 재능을 계발하고 역량을 최대한 발휘할 수 있도록 돕고, 자기 계발을 할 수 있도록 적극적으로 지원해 주어야 한다.

크리스천 사업가가 가장 두려워해야 할 존재는 바로 함께 일 하는 동료입니다. 그들은 가장 가까운 곳에서 저의 모든 것들을 지켜보니까요. 그들을 감동하게 하지 못한다면 크리스천 사업가라고 할 수 없다고 생각합니다. 그런데 많은 크리스천 사업가들이 섬겨야 할 직원을 부려야 할 사람으로 생각하더라고요. 크리스천 사업가의 가장 기본적인 기준은 바로 함께 하는 사람에게 인정을 받느냐 못 받느냐입니다. 직원들 잘 섬기는 사람은 손님도 잘 섬길 수밖에 없으니까요. 발 없는 말이 천 리 간다는 말을 한시도 잊지 않고 살아야 합니다. (전석현 대표, 불란서 툴루즈에서 한식당 Boli cafe 운영)

4) 고객에 대한 책임

최고의 제품과 서비스를 추구해야 한다. 두 번째로 좋은 제품과 서비스로 만족하면 안 된다. 경쟁자들보다 더 잘해야 한다. 이렇게 해야 기업이 차별화되고 고객을 만족하게 할 수 있다. 더불어 크리스천 사업가는 투자자, 이사회, 채권자에 대한 책임도 있다.

5) 지역 사회에 대한 책임

단순히 지역사회에 잘 보이는 것 이상으로 크리스천 사업가는 지역사회에 대한 사회적, 환경적, 관계적, 영적 축복의 통로로서의 책임이 있다. 먼저 지역사회에 사는 직원과 그들의 가족에 대해, 그다음 지역사회에 대해 선한 영향을 끼쳐야 한다.

6) 하나님의 나라에 대한 책임

크리스천 사업가는 소명으로서의 사업 그 자체로 문화 위임(창 1:27~28)[9], 대계명(마 22:37~40), 총체적인 헌신(마 25:31~46), 그리고 대사명(마 28:18~20; 행 1:8; 눅 24:47~48; 요 15:26~27; 사 49:6)에 헌신하므로 하나님 나라에 대한 책임을 감당해야 한다.

7장

사업은 관계이다

크리스천 사업가가 사업과 삶으로 전하는
영적 영향력은 성숙한 관계를 바탕으로 영적
관계를 형성하여 그 열매를 맺는 사역이다.
관계는 사랑이 전달되는 선로(rail)이다.[1]
관계라는 선로가 건강하면 성숙한 사랑이
굴러가지만, 선로가 건강하지 못하면
병약한 사랑이 굴러간다. 아보다를 건강한
사랑으로써 세상에 전달하기 위해서 크리스천
사업가는 세상과 영적 관계를 형성해야 한다.
영적 관계는 세 가지 선로가 조화를 이룰
때 가능하다. 첫째는 섬김이라는 선로이며,
둘째는 환대라는 선로, 마지막으로
나눔이라는 선로이다. 이 세 가지 선로를
통해 사랑이 세상에 전달된다.

1 _ 성숙한 관계

관계 맺기에 서투른 현대인은 성숙한 관계를
형성하기가 쉽지 않다. 그러나 이 영역의

전문가인 존 맥스웰이 제안하는 방법은 의외로 간단하다. 그냥 "당신의 문제를 내려놓고 다른 사람을 생각하면서 그들이 누구이고 무엇을 원하는지 이해해보려는 의지가 있다면 다른 사람과 관계를 맺을 수 있다. 진정 누군가를 돕고자 한다면 관계 맺기는 좀 더 자연스럽고 덜 기계적인 것이 된다. 관계 맺기에서는 그저 다른 사람이 우선이라는 사실을 끊임없이 되새기기만 하면 된다."는 것이다.[2]

1) 성숙한 관계는 친밀감을 바탕으로 한다

자동차의 연료가 휘발유이듯, 영혼의 연료는 친밀감이다. 친밀감은 사람 사이에 흐르는 건강한 에너지이다. 이 에너지가 계속 유지되는 한 관계는 생산적이다. 생산적 관계는 친밀감을 형성하고 유지하려는 서로의 동의와 전략과 그 헌신의 결과이다.[3]

2) 성숙한 관계는 시너지를 창출한다

모든 생산적인 관계는 시너지로 관계를 파괴하는 장애물을 극복할 수 있으며, 세상의 파괴적인 힘을 견뎌 낼 수 있다. 성공하는 조직과 기업은 모두 생산적인 관계를 기반으로 한다.

3) 생산적 관계는 소통으로 만들어진다

소통이 안 되면 망통이다. 망통은 시도
때도 없이 갈등과 분열, 나아가 국가 간의
전쟁도 일으킨다. 망통 관계와 망통 조직에서
생산적 관계와 생산성을 기대할 수는 없다.
성숙한 관계를 이루기 위해서는 상호 신뢰를
바탕으로 자신이 대접받고자 하는 대로
상대를 대접하며 함께 선한 목적을 추구해야
한다.

4) 성숙한 관계는 성공을 보장한다

사업이 관계의 상호작용이듯 "우리가
살아가면서 이루어내고 성취하는 모든 것
역시 관계가 상호작용한 결과"[4]이다. 우리가
"다른 사람이 원하는 것을 얻을 수 있도록
먼저 돕는다면, 그도 당신이 원하는 것을
얻게 해줄 것이다."[5] 이것이 관계의 보상이자
관계가 우리에게 주는 성공 공식이다.[6]

폭 넓은 인간관계를 만들고 유지한 결과 덕분에
얻게 되는 이점은 건강만이 아니다. 관계는 거래로
이어질 수 있고, 거래는 부로 이어질 수 있다.
앉아서 돈만 바란다면 아무것도 이루어지지 않는다.
몽상만 하거나 자기 확신의 주문만 왼다고 해서
이루어지는 것은 없다. 사람들과 적극적으로,
그리고 즐겁게 교류해야 부를 창출하는 환경이
조성될 수 있다. 일반적으로 사람은 이미 관계를
맺고 있는 사람과 비즈니스나 거래를 하고 싶어
한다. 앞으로의 거래를 염두에 두고 관계를
형성하려고 하면, 때가 너무 늦는다. 거래가

발생하려면 관계가 미리 존재해야 한다.[7]

2_ 영적 관계

하나님의 백성은 성숙한 관계를 넘어 영적 관계를 누려야 한다.

1) 영적 관계는 '그리스도와의 인격적인 관계'에서 시작된다

자신의 '개인 공간 Personal space'[8]을 하나님께 내어드려 '신성한 공간 Divine Space'이 형성되면 예수님과의 인격적 일치를 이루게 된다.

2) 영적 관계는 성령이 주관하신다

영적 관계는 성령이 주관하신다. 예수님은 우리의 위로자이신 성령을 파견하시어 우리가 상대방을 – 심지어 그가 적일지라도 – 있는 그대로 환영하며, 영적 관계를 형성하여 유지할 수 있도록 지혜와 명철을 주신다.

3) 영적 관계는 구속적이다

예수께서 우리를 구속하셨듯이 우리도 이웃을 구속하는 사역을 감당해야 한다. 그리스도께 구속된 그리스도인들은 서로에게 성숙한 관계인 영적 관계의 본을 보여줄 책임이 있다. 나아가 적대적인 관계조차도 구속적인 관계로 변화시키는 일에 적극적이며 전략적으로 헌신해야 한다.

4) 영적 관계의 목적

영적 관계는 신비한 결과를 이루어 낸다. 동역으로 하나님의 권능을 세상에 영적 영향력을 발산함으로 '하나님께 영광'을 올리기 위함이다.

3 _ 크리스천 사업가는 영적인 관계를 맺어야 한다

1) 관계는 우연히 형성되지 않는다

누군가를 섬기든지 누군가에게 섬김을 받아야 관계가 형성된다. 사업은 관계를 기본으로 한다. 고객, 공급업체, 판매처, 동업자 그리고 계약업체는 모두 당신과 관계하고 있다. 관계가 사업에 미치는 영향은 끝도 없다. 모든 제품, 또는 서비스는 사람이 생산하고 사람이 소비한다. 사업의 일거수일투족은 관계가 창조해 낸다. 성공의 가장 중요한 요소는 좋은 사람을 만나 성숙한 관계를 맺는 것에 있다. 관계(네트워킹)하고 있지 않다면 일(워킹)하고 있지 않은 것이라는 격언이 있지 않은가?

2) 유능한 리더는 항상 관계를 경영한다

유능한 크리스천 사업가는 이미 있는 관계를
지속해서 일구면서 새로운 관계를 형성한다.
이 제품과 서비스가 그 사람에게 유용할까?
그 사람이 하는 일에 관심을 가질만한 사람은
누가 있을까? 하나님이 그 사람으로 하여금
섬기고 축복하고자 하는 사람과 목적은
무엇일까?

3) 관계는 두 가지 방식으로 성장한다

바로 섭리와 목적이다. 우리는 알맞은 시간에
알맞은 장소에서 새로운 사람을 만나고
새로운 관계를 시작한다. 대개 새로운 사람을
만나고 의도적으로 관계를 맺는 주체는 바로
우리 자신이다. 섭리 때문에 사람을 만난다고
해도, 그들과의 관계를 지속하는 것은 바로
우리 자신임을 잊어서는 안 된다.

4) 관계 자본을 견고히 하라

네트워크가 견고해짐에 따라 관계를 경영하고
양육하는 것이 더욱 중요하고, 또한 어렵게
됐다. 이미 관계있는 사람에게 지속적인
관심을 쏟기 위한 시스템을 계획해야 한다.
하나님에게 구하면 당신이 여러 관계의
청지기로서 잘 관리할 수 있도록 도와주실
것이다.
당신이 관계 맺고 있는 사람에게 필요한
도움을 주는 것도 관계자본을 견고히 하는 데
도움이 된다. 단순히 아는 사람을 소개해주는

것만으로도 사람들에게 큰 도움이 될 수 있다. 또 새로운 관계를 맺는데 적용해야 하는 원칙 중 하나는 바로 주는 것을 신속히 하는 것이다. 이때 대가를 바라지 않고 주어야 한다. 이는 당신을 다른 사람과 차별화할 것이다. 남을 돕고 그들을 섬기는 것이 바로 하나님의 방식이다.
아래는 견고한 관계를 형성하는 방법이다.

- 능동적으로 사람을 찾아내라
- 당신과 같은 업종 사람들이 모이는 장소로 가라.
- 당신이 만난 사람과 팔로우업을 하라
- 그들의 연락처와 정보를 정리한 시스템을 가지고 있으라
- 당신의 네트워크 안에 있는 이들을 도울 방법을 찾아라
- 네트워크 안에 있는 이들에게 정기적으로 연락을 취하라
- 서로에게 유익한 사람을 소개해 주어라
- 항상 먼저 주어라

영적 관계를 맺기 위해 헌신하는 크리스천 사업가끼리의 동업은 여러 이점이 있다. 서로를 섬겨 하나님께 영광을 돌리려 하기 때문이다. 크리스천 사업가는 불신자, 심지어 복음에 적개심을 품은 이도 섬겨야 한다. 모든 생명은 소중하다. 예수께서는 이웃을 네 몸과 같이 사랑하라고 하셨다. 복음도 관계를 통해 확장되어왔다. (행 9:26~27, 13: 1~3, 16:14, 15, 40) 하나님은 새로운 관계를 만들고

관리하는 행위를 축복하신다. 크리스천 사업가는 사람을 귀하게 여기고 관계를 성숙하게 하여 영적 관계로 발전시켜야 한다.[9]

4_동업

한 사람이 천을 쫓을 수 있다면, 둘이 함께했을 때는 만을 쫓을 수 있다(신 32:10). 연합은 강력하지만, 동상이몽은 치명적이기에 동업을 시작할 때는 서로의 의견이 일치해야 한다. 모든 것이 일치할 필요는 없어도 사업의 큰 틀에서는 의견이 일치해야 한다. 이런 점에서 영적 영향력을 발휘해야 하는 크리스천 사업의 경우, 믿지 않는 이와 동업하는 것은 권하지 않는다. 누군가와 계약을 맺는 것은 그 사람의 습관, 평판, 근면함, 사상과 동업하는 것과 같다. 때문에 사업파트너를 절대 가볍게 정해서는 안 된다. 이는 결혼과 매우 흡사하다.

1) 동업을 결정하기 전에 두 개의 위험신호를 조심하라

① 신속한 판단을 재촉하는 이를 조심하라
누군가가 엄청난 기회를 놓치고 있는 것이라며 중대한 결정을 자꾸 재촉한다면, 십중팔구 위험신호이다. 뒤돌아서 도망치는 것이 좋다. 영업 세계의 가장 오래된 전략 중

하나가 기회를 놓칠 수 있다고 재촉함으로써
상대방이 섣부른 판단을 하도록 하는 것이다.
성경은 신중한 발걸음과 폭넓은 조언을
구하는 것이 안전하다고 말한다(잠 11:4).

② 항상 큰 판에 관해서 이야기하는 사람을
조심하라

말만 많고 내세울 만한 결과를 보여주지
못하는 이들이 있고, 이룬 것은 적은데 마치
대단한 성공을 거둔 것처럼 떠벌이는 이들이
있는데, 이런 이들과 시간을 낭비해서는 안
된다. 또 이루타나 삼루타는 아무런 가치가
없고 홈런만이 가치 있다고 여기는 이들은
현실감각이 없으므로 동업을 피해야 한다.
믿음에 대해 말하기만 하는 사람과 믿음으로
결과를 만들어낸 사람이 누구인지 분별할 수
있도록 성령님께 도움을 구하는 것이 좋다.

2) 뜻을 같이 하기 위해 필요한 것들

① 같은 목적의식을 가지고 있어야 한다

때문에 같은 기독교인끼리 동업하는 것이
최선이라고 하는 것이다. 예를 들어, 수익
일부를 자선단체에 기부하고자 하는 마음이
당신에게는 있는데 동업자에게는 없다면
문제가 된다. 기독교인으로서 당신의 사업이
영적 영향력을 끼치기를 바란다면, 동업자도
같은 생각을 하고 있어야 한다.

② 전반적인 사업전략에 대해 의견이 일치해야

한다
사업의 주요판매기점, 대개의 시간, 에너지,
자원과 자본을 어떻게 투자해야 할 것인지
그리고 어떻게 성장할 것인지에 관해
합의해야 한다.

③ 주요 레버리지에 대한 합의도 해야 한다
주요 인사결정에 대해 공평하게 책임을
나누어야 한다. 누가 무엇을 경영할 것인가?
마케팅전략과 영업, 기업문화와 사업의
핵심가치 등등 사업의 주요 결정권자의
합의는 필수이다. 더불어 연봉, 장비, 마케팅
도구, 그리고 인사개발에 대한 전반적인
합의가 이루어져야 한다.

④ 반드시 문서화하라
책임을 나누는 일에 있어 합의를 이루어야
한다. 명확한 방향성, 기대, 전략, 문화, 보상
등을 문서로 작성하라. 문서로 만들어지지
않은 것은 결국, 아무것도 아니다. 시작은
구두로 서로의 희망 사항을 이야기하면 된다.
이후 핵심가치에 대한 합의가 이루어지면,
자문을 구한다. 최종적으로는 말씀을 통해
하나님의 확인을 그리고 내면의 증거가 되는
평안을 받는다.

⑤ 불공평한 관계는 금물이다
이미 불공평한 동업 관계에 놓여있다면
어떻게 해야 하는가? 먼저 현재 상황에
맞게 서로의 기대치를 변경하고 공통되는

기준을 찾도록 한다. 그리고 겸손한 마음으로 서로의 걱정이나 일치하지 않는 의견에 대해 상의하도록 한다. 이 모든 과정 가운데 하나님께서 인도해 주시기를 기도하라. 동업이 끝난다고 관계마저 끝내지 마라. 이렇게 하려면 큰 노력이 들겠지만, 값진 노력임이 분명하다. 성령이 하나 되게 하신 것을 힘써 지키는 것이기 때문이다(엡 4:3).[10]

8장

돈과 이익

1_돈

> 크리스천이 되기 전에는 사업에 관한 결정을 내리기가 더 쉬웠다. 돈이 되는 일인지 아닌지를 구별하면 됐기 때문이다. 그러나 이제는 하나님의 뜻을 구해야 한다. 가끔 성경적인 원칙에 어긋나는 일이기에 큰돈이 될 기회를 거절하면 임원들은 내가 정신이 나간 줄 안다. 사업에 관련된 결정을 내리기 전에 먼저 기도해봐야겠다고 해도 마찬가지다.
> (스티브 크레인, 은행장)

돈과 소유를 어떻게 이해해야 하며, 또 이를 어떻게 사용해야 하는지는 크리스천 사업가뿐만 아니라 하나님에게도 매우 중요한 관심사다. 예수님의 비유 38개 중 16개가 돈과 소유에 대해 다루고 있으며, 복음서의 10개 절(veses) 마다 하나의 절이 소유를 어떻게 관리하고 사용해야 할지를 다루고 있으며, 성경에 기도와 믿음에 대해 각각 500절이 나오고 돈과 소유를 우리가 어떻게 이해하고 사용해야만 하는가에 대한 절은 2,000개가 등장한다.[1] 이만큼 하나님께서는 성도들이 돈과 소유에 대해 잘 알고 바르게 사용하기를 원하신다.

그러나 일반적으로 사업을 하는 이유는 돈을 벌기 위해서다. 돈이 얼마나 잘 벌리는지가 성공의 척도이다. 이런 이유로 사업과 관련한 결정을 내리는 기준은 돈이다. 돈이 삶과 사업을 지배하고 좌지우지한다는 것을 부인하기는 쉽지 않다.

1) 돈의 출처

돈은 선하지도 악하지도 않다. 그저 사회와 사업에 필요한 요소일 뿐이다. 성경에 따르면 돈의 출처는 두 곳이다. 먼저 하나님이시다. 하나님께서는 사람에게 돈을 벌고 부를 축적할 수 있는 능력을 주신다. "네 하나님 여호와를 기억하라 그가 네게 재물 얻을 능력을 주셨음이라. 이같이 하심은 네 조상에게 맹세하신 언약을 오늘과 같이 이루려 하심이니라"(신 8:18).

사탄도 부를 허락할 수 있는 능력이 있다. 누가복음 4장에서 사탄이 예수님에게 자신을 섬기면 천하를 주겠다고 말했을 때 예수님은 이를 부인하지 않으셨다.

2) 돈에는 함정이 있다

내가 아는 사업가 중에 자수성가하여 성공한

최 사장이 있다. 집안 전체를 책임져야 했던 최 사장은 가족에게 위험한 상황이 발생했을 때, 그 어려움을 극복할 수 있는 양의 돈을 반드시 가지고 있어야 한다고 생각한다. 그만큼의 돈이 없으면 그는 불안해한다. 그래서 그만큼의 금액에 도달할 때까지는 절약하여 모으고, 그 금액에 도달하면 안심한다.
이처럼 사람마다 정도는 다르지만 자기의 안전감을 충족시켜주는 금액이 있다. 그 금액이 충족되면 상대방을 배려하고 섬기는 것이 가능하지만, 그 선이 무너지기 시작하면 금액을 채우는 것에만 집착한다. 그래서 금액을 채우기 위해 하나님을 이용하는 기도를 한다. 돈 자체는 다분히 중성적이지만, 돈으로 안전을 사려는 마음 때문에 돈은 우상 즉 맘몬이 된다. 돈이 맘몬화가 되면 돈이 우리를 지배하기 시작한다. 사업가는 돈에 지배당하면 자신의 사업을 우상으로 섬기게 된다.
성경은 이에 대한 매우 유익한 가르침을 준다.[2]

① 하나님은 축복이 아니라 보상이시다. 가장 위대한 축복은 물질적인 것이 아니다. 가장 위대한 보물은 하나님을 아는 것이고, 바로 '하나님이 우리의 상급이시다.'[3]

② 복은 경건의 결과가 아니다. 하나님이 기뻐하시는 것, 또는 영적 행위와 경건

그 자체가 부를 가져온다고 잘못 전하는 설교자가 많다. 그러나 성경은 '이익이 경건이라 생각하는 사람들 사이에서 빠져 나오라'고 명한다.[4]

③ 물질적인 것에 대해 지나치게 관심을 가져서는 안 된다. 썩어 없어질 것에 집착하는 이는 그 미래가 썩는다. 영원한 것에 마음을 두면 영원한 미래가 보장된다. 우리는 "필요를 낮추고, 관대함을 높이고, 기대를 하늘에 두어야"한다.[5]

④ 부자가 되어서도 거만하지 않으며, 불확실한 재물에 마음을 두어서는 안 된다. 재물은 독수리처럼 급하게 날개를 내어 멀리 날아가 버린다.[6] 하나님께 영광을 올려드리기 위해 돈을 사용하는 크리스천 사업가는 자신이 많이 가져졌다고 거만하지 않을 뿐만 아니라 오직 하나님만을 신뢰한다.

⑤ 부자와 가난한 자들에 대한 평가에 늘 신중해야 한다. 우리는 그들의 인생을 모르기 때문에 그들이 지금 부자라는 이유로, 또는 그들이 지금 가난하다는 이유로 섣부르게 평가해서는 안 된다. "거만한 사람은 '내가 벌었다'고 말하고, 가난한 사람은 '자기가 벌어야만 했다고 말하지'만, 감사하는 사람은 '은혜로 받았다'고 말한다."(Robert Morrise)

⑥ 풍족함과 부족함에서 교훈을 배워야 한다.

살다 보면 풍족할 때도 있고, 부족할 때도 있다. 크리스천 사업가는 어떤 경우에도 교훈을 배워 "능력 주시는 자 안에서 모든 것을 할 수 있다."고 고백해야 한다.[7]

⑦ 주는 행위는 예수님을 따르는 삶이다. 하나님은 자기 아들을 주셨고,[8] 아들은 자기 생명을 주셨다.[9] 그러므로 예수를 따르는 성도는 주는 삶을 살아야 한다. 이의 결과로 부유한 삶을 살게 된다. 이런 이유로 부는 은혜이다.

⑧ 모든 형태의 탐욕을 거부하게 된다.[10]

⑨ 성경은 우상에 대해 경고한다.[11]

⑩ 하나님은 당신의 종들이 성실하게 번창하는 것을 기뻐하신다.[12] 믿음 안에서 성실하게 살면서 하나님이 주신 지각과 재능을 극대화하면 성도는 번창해진다. 주술 같은 잘못된 기도에만 의지하여 하나님이 주신 지각과 재능을 거부하는 이들은 일확천금을 꿈꾼다. 그러나 성경적 번창은 믿음 안에서 지각과 재능을 활용한 성실한 삶의 결과일 뿐이다.

3) 어리석은 부자의 비유

2017년 3월 27일 미국 뉴욕시 맨해튼의 '소피텔 뉴욕 호텔'의 24층 객실에서 한 50대

남자가 뛰어내려 삶을 마감했다. 자살을 택한 이는 헤지펀드 매니저인 찰스 머피(56)였다. 월가의 유명한 헤지펀드 매니저이자 백만장자인 머피의 자살은 부가 인생의 행복과는 별 상관이 없고, 오히려 돈의 노예가 된 월가의 삶을 극명하게 드러내는 사례로 월가에서 받아들여지고 있다고 〈월스트리트저널〉이 9일 장문의 기사를 통해 전했다. 다음은 머피의 자살을 남의 일이 아닌 자기 일로 바라보는 월가 사람들의 생각을 전한 〈월스트리트저널〉의 기사 중 일부분이다

머피는 자신과 가족을 위해 일군 생활을 유지하는데 자신을 모두 소모했다. 그의 자질은 부를 쌓아 올리는데 기여했으나, 재산을 잃을까 봐 노심초사하는 공포를 막는데 아무런 역할을 못 했다. 월스트리트는 찰스 머피를 성공시키고 부자가 되게 했으나, 행복은 그를 피해갔다.[13]

그런데 이런 비극은 이미 100년 전에도 있었다. 패트릭 멀리Patrick M. Morley는[14] 세상에서 가장 부자이면서 가장 영향력 있었던 사람들의 비극적 운명을 전한다. 1923년 시카고의 에지워터비치호텔Edgewater Beach Hotel에서 중요한 회의가 열렸다. 세계에서 가장 영향력 있는 8명의 사람들이 그 자리에 참석했다.

- 최대 규모의 자영 철강 회사 사장

- 최대 규모의 가스 회사 사장
- 당대 최고의 밀 투자가
- 뉴욕 주식 거래소 사장
- 대통령 고문단의 한 멤버
- 월가 최고의 주식 매도인
- 세계 최대 전매 회사의 사장
- 국제 결재 은행의 사장

돈 버는 비법을 터득해서 최상층에 도달해 있던 이들이 호텔을 떠나고 25년이 지났을 때 다음과 같은 일이 일어났다.

- 최대 규모의 자영 철강 회사 사장이었던 찰스 슈왑은 죽기 5년 전, 채무상태로 살다가 파산한 채 사망했다.
- 최대 규모의 가스 회사 사장이었던 하워드 홉슨은 정신 이상자가 되었다.
- 당대 최고의 밀 투자가였던 아더 코튼은 파산자가 되어 외국에서 죽었다.
- 뉴욕 주식 거래소 사장이었던 리처드 위트니는 싱싱 교도소에 수감되었다.
- 대통령 고문단의 한 멤버는 감옥에서 사면되어, 집에서 죽을 수 있었다.
- 월가 최고의 주식 매도인이었던 제시 리버모어는 살해당했다.
- 세계 최대 전매 회사의 사장이었던 이바 크루거는 살해당했다.
- 국제 결재 은행의 사장이었던 레온 프레이저는 살해당했다.[15]

누가복음 12:16~21은 1923년 시카고 에지워터비치호텔에 모였던 8명의 영향력 있는 사람들과 2017년의 찰스 머피처럼 한때 성공한 사업가에 관한 이야기다. 그는 부자였다. 그는 창고가 부족할 정도로 많은 곡식을 거뒀다. 그래서 더 크고 넓은 창고를 건축하기로 했다. "또 내가 내 영혼에게 이르되 영혼아 여러 해 쓸 물건을 많이 쌓아 두었으니 평안히 쉬고 먹고 마시고 즐거워하자." 축적된 부를 보고 부자는 자신이 안전하다고 생각한다. 여러 해 동안 사용할 물건이 있으니, 그는 하나님 대신 자신의 부와 소유에 의지하기로 한다. 이처럼 돈에 의지하면 돈의 노예가 된다는 것이 바로 돈의 함정이다.

부자가 돈을 통해 자립하려는 것은 어리석은 일이다. 인간은 스스로 존재할 수 없다. 하나님의 공급에 의지해야 한다. 우리가 모은 부는 미래의 안전을 제공하지 않는다. 안전은 오직 하나님께서 주시는 것이다. 그러나 부자는 자신을 위해 부를 축적했다. 이는 찰스 머피의 경우처럼 어리석은 짓이었다.

4) 돈이 있는 곳에 충성한다

보물이 존재하는 곳에 우리의 마음이 충성하게 되지, 우리의 마음이 가 있는 곳에 보물이 존재하지는 않는다. 대부분의 사업가가 자신의 사업에 헌신하는 이유는 그 사업이 자신의 가장 가치 있는 자산이기 때문이다.
재물을 쌓는 일에 인생의 전부를 투자하더라도 거기서 안전을 찾을 수는 없다. 내가 잘 아는 최 사장은 10년간 열심히 일해서 모은 돈으로 사업을 시작해 1년 만에 파산했다. 최 사장은 열심히 일했으나, 안 좋은 시장 상황과 신기술의 도래로 인해 사업이 풍비박산 났다. "…… 거기는 좀과 동록이 해하며 도둑이 구멍을 뚫고 도둑질하느니라"(마 6:19).
하나님의 나라에 부를 쌓는 것은 영원의 관점에서 볼 때 훨씬 이익이다. 그곳에 쌓인 보물은 안전하기 때문이다. 주가 하락, 신기술의 출몰, 경기 침체, 정치적 변화 등등은 지상에 쌓인 보물은 건드릴 수 있으나 하늘에 쌓인 보물은 건드릴 수 없다. 물론 지상에 쌓인 보물도 건드리는 일이 생기지 않을 수 있다. 그러나 이러한 경우, 우리가 죽은 이후에 이 재물은 누군가의 향락을 위해 사용될 것이다. 그러므로 우리가 이 재물을 하나님의 나라에 투자한다면, 우리는 영원토록 이에 대한 이윤을 얻게 될 것이다. 그 어떤 증권회사도 이런 투자 이익을 가져다주지 않는다.
우리는 우리의 자원을 투자하면 할수록, 투자하는 대상에 충성하게 되어있다. 우리가 가진 모든 자원을 사업에 투자하면 할수록, 우리의 사업은 하나님보다 중요하게 된다. 반면에 우리가 가진 모든 것을 하나님의 나라에 투자하면 할수록, 우리는 하나님께서 우리의 삶을 확고히 주관하시도록 우리 자신을 내어드릴 수 있다.

5) 크리스천 사업가는 돈을 선하게 사용해야 한다

돈으로 자기와 이웃의 삶을 망가트리는 사람이 있지만, 자기와 이웃의 삶을 풍요롭게 하는 사람도 있다. 돈은 잘못 사용하면 나와 내 주변의 모든 것을 황폐하게 하지만, 내 자신과 이웃에게 바르게 사용하면 삶에 권위와 가치 그리고 기회를 준다.
그 근원(뿌리)이 돈인 경우 대부분의 사업은 우리를 황폐하게 한다. 우리를 황폐하게 하는 대표적인 말라카 사업인 마약, 매춘, 도박, 고리대금 등의 뿌리는 돈이다. 성경은 돈을 사랑하는 것이 일만 악의 뿌리라고 했다.[16] 아보다 사역을 위해 하나님께 부르심을 받은 크리스천 사업가는 하나님께 영광을 올려드리기 위해 돈을 사용해야 한다. 대표적으로 두 가지가 있다. 하나는 하나님 나라의 목적을 위해 사용하는 것이고 또 하나는 '세상 끝까지 복음을 전하라'는 지상명령을 수행하기 위해 돈을 사용하는 것이다.

돈을 선하게 사용할 때 따르는 실제적인 유익들[17]

① 가장 위대한 선물을 보상으로 받는다.
우리가 시간과 에너지를 투자하면

돈으로 돌려받듯이, 크리스천 사업가가
하나님 나라의 목적을 위해 돈과 삶을
투자하면(드리면) 영원한 보물을 상급으로
받는다. 인생의 가장 위대한 보물은
하나님이시다.[18]

② 물질에 집착이 줄어든다.

③ 심고 거두는 불멸의 원칙을 경험 한다

④ 하늘에 보물을 쌓는다.

⑤ 하나님께서 모든 필요를 채우시는 경험을 한다. 대부분의 크리스천은 "나의 하나님이 그리스도 예수 안에서 영광 가운데 그 풍성한 대로 너희 모든 쓸 것을 채우시리라"[19]라는 말씀이 자신에게 향한 약속으로 믿고 있으나 그렇지 않다. 이 말씀은 모든 크리스천에게 해당하는 약속이 아니라 바울의 첫 번째 선교에 유일하게 투자했던 빌립보교회에 한 약속이다.

이 말씀은 세계 선교에 투자하는 크리스천에 대한 약속인 것이다. 크리스천 사업가가 선교를 위해 돈을 사용한다면, 하나님께서는 크리스천 사업가의 창의력과 지각과 재능을 사용하셔서 모든 필요를 채우실 것이다.

⑥ 세상을 변화시키는 기쁨을 경험하게 된다. 크리스천 사업가가 선한 목적을 위해 돈을 사용하는 것은 결국 말라카화된 관행과 시스템을

아보다로 변화시키는 사역에 투자하는 것이고, 이렇게 함으로써 크리스천 사업가는 세상이 변화되는 기쁨을 경험하게 된다.

⑦ 하나님의 궁극적인 목적인 세계 선교에 동참하는 의미를 경험하게 된다.

6) 크리스천 사업가의 돈에 대한 책임

크리스천 사업가는 돈이 있다고 자신을 자랑스러워하거나, 돈 없는 이들보다 잘났다고 생각하거나, 하나님이 부자를 더 사랑한다고 생각해서는 안 된다. 또 돈을 신뢰해서도 안 된다(눅 12장, 마 6:19~21). 하나님만이 우리가 삶에서 누리고 즐길 수 있는 모든 것을 공급하시는 분이시다. 하나님이 우리에게 부를 공급하시는 이유는 우리가 그 부를 필요한 이들에게 나누어주기를 원하시기 때문이다(눅 6:38). 하나님이 원하시는 이들에게 우리의 부를 나누어 줌에 신실할 때에, 하나님께서는 우리에게 더욱 많은 것을 공급하신다.

사람에게 도움이 되는 일을 하라. 환경에 득이 되는 일을 하라. 그리고 그런 일을 하기 위해 돈을 벌어라. 이것이 우리가 가장 먼저 생각하는 목표다. 그리고 이것은 앞으로도 절대 바뀌지 않을 것이다.
(탐스, Tom's of Maine 창업자)

2 _ 이익[20]

> 이익추구란 더 많은 자원을 생산하기 위해 우리가 가진 자원을 사용하는 것이다. 예수님은(눅 19:13, 23) 하나님이 보시는 선한 청지기란 우리가 맡은 자원이나 임무를 확장하고 증식하는 사람이다. 그러므로 이익추구는 근본적으로 선하며, 하나님의 영광을 위해 사용해야 한다. 그러나 이익추구가 독점적 권력의 교역 체제 안에서 다른 사람을 '착취하는' 행위로만 쓰이면 죄에 빠지도록 유혹하는 것이다. 크리스천은 이 유혹에 넘어가면 안 된다. (웨인 그루뎀)

일반적인 사업의 목적은 이익의 극대화이다. 이익의 극대화를 위해 자원이 고갈될 것이고, 환경은 파괴될 것이며, 직원은 학대당할 것이고, 대량 해고와 치열한 경쟁 등 약육강식의 원칙이 적용될 것이다.[21] 이처럼 이익의 극대화를 위해서 쏟아붓는 노력은 결국 아보다를 파괴한다. (Peter Kim) 크리스천 사업의 목적은 이익을 극대화하는 것이 아니라[22] 사업 성장을 포함한 지속가능성을 추구하는 것이다. 제프리 리Jeffrey Lee (SfK Life Corporation Chief executive officer)는 이익에 대해 다음과 같이 설명한다.

> 저는 사업의 목적이 이익을 추구하는 것이라 생각하지만, 이익의 극대화라고는 생각하지 않습니다. 말라카가 된 사업의 목적은 이익의 극대화이지만, 아보다인 크리스천 사업은 성장을

*포함한 지속가능성을 추구하는 것이 목적입니다.
그래서 이익의 극대화를 추구한다면 이미
말라카라고 보는 것이지요. 일반 경영학에서 그렇게
가르치는데, 그것은 이미 말라카가 된 사업을
정당화하고 당연시하는 것입니다.*

신체에 필요한 산소, 물, 음식, 혈액 등은 그 자체가 인생의 목적은 아니지만, 이것이 없으면 생존할 수 없다.[23] 이익도 그렇다. 크리스천 사업의 목적이 이익은 아니지만, 이익이 없으면 비즈니스는 성장하지 못할 뿐만 아니라[24] 망하게 된다. 이런 이유에서 이익은 비즈니스의 본질적인 요소이다. 이익 없이 사업을 유지할 수 없으며, 목적을 성취할 수도 없다.[25]
이익은 본질적으로 악하거나, 부정하거나, 비성경적이지 않다. 가혹하게 이익을 챙기거나, 고객을 속여 돈을 벌거나, 그리스도와 그분의 복음에 영예가 되지 못한 제품을 파는 경우가 아닌 한, 이익은 선하고 훌륭하며, 하나님과 그분의 목적에 유익하다. (2004 BAM)

1) 이익은 선한 것이며 꼭 필요하다

*이익을 추구하는 것이 선하다는 것은 이익 없이는
우리의 책임인 나눔을 누릴 수가 없기 때문이다.
극대화에 목적을 두어서는 안 되는 것은 극대화를
추구하는 과정에서 틀림없이 야기될 부당한 방법과
처우가 명약관화하기 때문이 아닌가……" (김용재,*

마드리드 거주 의사, 선교사)

사업을 하는 데 있어서 비그리스도인은 '돈이 되는가'만을 생각하면 되지만, 그리스도인은 '돈이 되는가'와 '하나님의 뜻에 맞는지'도 생각해야 한다.

2) 이익은 사업의 목적이 아니라 도구이다

크리스천 사업에서 우선순위는 사람과 자원의 개발에 있다. 이익은 그에 따라오는 부산물이다.[26] 이익은 존재를 위한 조건이며 더 중요한 목표를 위한 수단이지 그 자체가 목적은 아니다. 이익은 하나님께 영광을 돌리고 사람의 성장을 돕는다는 크리스천 비즈니스의 최종 목표를 이루기 위한 도구다.[27] 이익은 하나님의 나라와 이웃을 위해 사용해야 한다.[28]

3) 유용한 상품과 서비스를 제공했다는 증거가[29] 이익이다

크리스천 비즈니스의 진정한 가치는 상품과 서비스로 다른 사람을 섬기는 것이다. 이익이 발생한다는 것은 남을 효과적으로 섬기고 있다는 증거이다. (캔 엘드레드)

4) 이익을 얻으려고 가난한 자를 학대해서는 안 된다(잠 22:16).

크리스천 사업은 가난한 자를 섬기는 것이다.
가난한 자에게 일자리를 제공하는 것은
좋으나, 노동착취 등으로 이들을 이용하여
돈을 버는 짓은 이들을 섬기라고 사업체를
주신 하나님에게 반역하는 것이다. 이익을
얻으려고 가난한 자를 학대해서는 안 된다.

*절대 가난한 자를 상대로 돈을 벌려고 해서는
안 됩니다. 근무하고 있는 회사에서 새로운
마케팅 계획으로 이런 계획을 세우고 있다면
그 프로젝트에서는 손을 떼야 할 것입니다. (빌
하이벨스)*

5) 하늘에 이익을 쌓아두라

1995년 1월 15일, 유에스플라스틱 사의 창업자인 스탠리 탐은 자신이 소유한 회사의 주식을 포기하기로 했다. 주식은 재단으로 넘어갔고, 스탠리의 다른 회사 – Tamco Industries와 Industrial Safety Company 역시 동일한 절차를 밟아 나갔다. 결과적으로 수백만 달러가 하나님을 세상에 널리 알리는 데 사용되었다. 1989년 한 잡지와의 인터뷰에서 스탠리는 연간 19억 원 정도를 선교 사업에 쓰고 있는데, 연간 23억 원에 도달하는 것이 목표라고 했다.[30]
1999년 그는 63년간의 CEO 생활을 마무리하고 사위에게 비즈니스 권한을 넘긴 후 은퇴했다. 그의 사위는 스탠리의 영적·박애주의적 헌신을 이어가고 있으며,

스탠리는 여전히 창립자로서 이사회에 참석하고 있다. 1997년 스탠리는 재단의 이름을 OMS International로 바꾸었다. 회사의 모든 수익은 OMS를 통해서 흘러간다. 몇 년간 OMS International은 29개국에 선교를 지원했다. 재원은 주로 스탠리의 회사를 통해서 조달되었다. 자국민을 위해서 2~6명의 사람이 팀을 꾸려 집마다 방문하기 시작했다. 복음을 전하고 사람들을 저녁 가스펠 미팅에 초대하기도 했다. 25명 남짓 되는 사람이 처음으로 하나님께 헌신하기로 결심했고, 곧이어 새로운 교회가 시작되었다. 2001년에는 84,000명의 사람이 자신의 인생을 하나님께 드리기로 하였고, 256개의 새로운 교회가 아시아, 남미, 아프리카와 유럽에 세워졌다

많은 사람에게 자신의 회삿돈을 퍼다 주는 것이 상식적으로 이해가 안 되겠지만, 만약 당신이 사람의 영혼이 이 세상 어디에서건 가장 위대한 가치를 지녔다는 사실을 안다면 이해가 갈 것입니다. 오직 영적인 것만이 영원할 수 있다는 말이 사실이라면, 사업의 이익을 하나님을 믿게 하는데 사용한다는 것은 매우 상식적인 일입니다. 하나님께서 마태복음 6장에서 말씀하시길, 보물을 하늘에 쌓아두라고 하셨습니다. 따지고 보면 돈을 어느 곳에 예치하느냐의 차이일 뿐입니다.[31] *(스텐리 탐)*

이익은 사업의 목적은 아니지만, 좋은 것이며

꼭 필요하다. "너에게 회사를 주었는데, 너는 그것으로 무엇을 했느냐?" 하나님은 이 질문을 하시면서 '회사가 얼마나 많은 돈을 벌었느냐?'가 아니라, '사람의 삶에 얼마나 많은 영향을 끼쳤느냐'를 물으실 것이다.

9장

실패와 성공

1 _ 실패

> 모든 일이 불리하게 돌아가는 것 같을 때면 기억하라. '비행기가 바람을 가르고 이륙하는 것이지, 바람의 힘으로 이륙하는 것이 아니라는 사실을……' 헨리 포드

막대자석의 양 끝은 N극과 S극으로 분명한 특성을 드러내지만, 막대의 어디까지가 N극이고 어디까지가 S극인지 경계가 모호하다. 성공과 실패도 이와 같다. 성공인 듯 보이나 실패인 경우가 있고, 실패인 듯 보이나 성공인 경우가 있다. 우리 인생은 성공과 실패로 꼬아 만든 줄 위를 걷는 것과 다름없다.

사업은 다양한 이유로 늘 실패와 동행한다. 실패는 우리가 누군지를 성찰하게 하고, 더욱 공정한 전략을 수립하게 하고, 같이 하는 이들에 대한 진정한 가치를 깨닫게 한다. 크리스천 사업가는 성공에 지대한 관심을 가지는 것 이상으로 실패가 주는 교훈에도 관심을 가져야 한다. 실패의 교훈이 곧 성공의 매뉴얼이기 때문이다.

1) 성공으로 끝난 성공은 없다

성공은 실패로 끝난다. 우리의 시선은 성공 신화의 정점에 선 주인공에게 머물 뿐, 그가 정점에서 어떻게 사라졌는지에 대해서는 무관심하다. 하지만 한때의 성공이 실패로 끝나야 그다음 성공이 그 자리를 차지한다.

2) 사업에 실패하는 4가지 이유

아이디어의 대부분은 사업화되지 않고, 또 사업화된다고 해도 실패한다. 모리는 네 가지 이유로 사업이 실패한다고 말한다.[1]

- 미숙한 판단 때문이다. 가격에 비해 성능이 매력적이지 않은 제품은 경쟁력이 없다. 이런 제품을 만들기로 한 판단은 대부분 실패로 이어진다.
- 미숙한 실행력이다. 프로젝트를 계획하는 것은 잘하나 말만 앞세우고 실행력이 약하면, 사업이 실패하는 것은 당연하다.
- 외부적인 요인이다. 때로는 경제공황같이 우리가 통제할 수 없는 일로 인해 실패가 우리를 찾아오기도 한다.
- '죄', 자만심은 우리의 결정력에 악영향을 끼친다. 자신의 실수를 인정하지 않게 하고, 문제를

해결하기는커녕 더 심각하게 만든다. 또는 쫓지 말아야 할 것을 우리의 우상으로 삼기도 한다. 그로 인해 엄청난 비용이 들어감에도 불구하고 말이다.

3) 실패하는 사업가의 특징과 습관

실패하는 이들은 실행능력이 약하여 모든 계획이 용두사미로 끝나고, 조직원의 헌신을 끌어내기보다는 과정 자체에 집착하는 경향이 있으며, 제한된 정보에 의존한다. 또, 낮은 수준에 만족하며 인기에 연연한다. 그뿐만 아니라 숫자를 놓치고 미련에서 벗어나지 못하며 후계자 육성에 실패한다.[2]

4) 실패가 주는 교훈

반어적으로 들리지만, 그리스도인의 삶에 있어 승리의 열쇠는 실패를 다루는 법을 배우는 데서 발견된다. 그리스도의 능력은 연약함 안에서 온전해진다. 자신을 연약하다고 말하지 않는 사람은, 삶에 있어 그분의 힘을 필요로 하지 않는다. 반대로 우리가 자신의 한계와 연약함을 인정할 때 주님과 다른 사람으로부터 스스럼없이 도움을 받을 수 있다. (플로이드 맥클랑)

아브라함 링컨은 24세에 주 의원 낙선 이후 26번의 실패를 경험한 후 59세에 대통령에 당선되었다. 한 기자가 링컨에게 물었다. "당신의 성공비결은 무엇입니까?" 그러자

링컨은 대답했다. "다른 사람들보다 실패를 많이 했기 때문입니다. 나는 실패할 때마다 실패에 담겨진 하나님의 뜻을 배웠고, 실패를 징검다리로 삼았습니다. 실패할 때마다 사탄은 '이제 너는 끝장이야'라고 속삭였습니다만, '이 실패를 거울삼아 더 큰 일에 도전하라'고 하나님께서 내게 말씀하셨습니다. 담대히 하나님께 기도로 간구하며 마침내 성공을 이루었습니다."
고통 없는 인생이 없듯이 실패 없는 비즈니스는 없다. 요는 실패로부터 어떻게 교훈을 얻느냐이다. 실패로부터 얻은 교훈이 지혜가 되고, 지혜가 쌓여 성공에 이르게 한다.
로버트 슐러는 실패의 11가지 교훈을 말한다.

① 실패는 당신이 실패자임을 의미하는 것이 아니다. 아직 성공하지 못했다는 것을 의미할 뿐이다.
② 실패는 당신이 아무것도 성취하지 못했다는 것을 의미하는 것이 아니다. 그것은 무엇인가를 새로 배웠다는 것을 의미할 뿐이다.
③ 실패는 당신이 바보였음을 의미하는 것이 아니다. 그것은 당신이 많은 신념을 가졌음을 의미한다.
④ 실패는 당신의 체면이 손상되었음을 의미하는 것이 아니다. 그것은 뭔가 시도하고자 했음을 의미할 뿐이다.
⑤ 실패는 당신이 소유하지 못했음을 의미하는 것이 아니다. 그것은 다른 방법으로 뭔가 해야 함을

의미할 뿐이다.
⑥ 실패는 당신이 열등함을 의미하는 것이 아니다. 그것은 아직 완전하지 못함을 의미할 뿐이다.
⑦ 실패는 당신이 인생을 낭비했음을 의미하는 것이 아니다. 그것은 새 출발 할 의미가 있음을 의미할 뿐이다.
⑧ 실패는 당신이 포기해야 함을 의미하는 것이 아니다. 그것은 더 열심히 해야 함을 의미할 뿐이다.
⑨ 실패는 당신이 결코 할 수 없음을 의미하는 것이 아니다. 그것은 시간이 좀 더 걸릴 것을 의미할 뿐이다.
⑩ 실패는 하나님께서 당신을 외면했음을 의미하는 것이 아니다. 그것은 하나님께서 더 좋은 생각을 지니고 계심을 의미할 뿐이다.
⑪ 실패가 당신을 실패하게 만드는 것이 아니다. 다만 중단하는 것만이 실패하게 할 뿐이다.[3]

5) 실패에 대한 성경의 조언

실패는 믿음을 기른다. 하나님은 우리의 실패를 이용해 우리의 성품을 개발하시며 우리를 성숙하게 하신다(히 12). 모든 실패가 다 처벌인 것은 아니며(히 12:5), 실패를 통해 하나님이 우리를 보호하시기도 하시며(잠 3:25~26), 매일의 필요를 공급하신다(시 37:25). 그러므로 하나님이 당신의 삶에 이루고자 하는 일에 대해 지름길로 가려고 하면 안 된다(히 12:7).
사람은 실패에 잘 대처하는 사람과 실패에 무너진 사람으로 나눌 수 있다. 실패에 잘 대처하는 사람은 하나님께서 실패를 통해 자신을 균형 있게 다듬으신다는 사실을 잘 아는 이들이다. 크리스천 사업가는 어려움과 부당함에 맞닥뜨릴 때, 그것이 사랑의 하나님의 전능하신 주관 아래 있음을 기억해야 한다.

6) 성공은 실패의 끝이다

알리바바의 창업자 마윈의 성공은 수많은 실패의 결과이다. 마윈은 초등학교의 중요한 시험에서 두 번 떨어졌으며, 중학교 때는 세 번, 하버드 대학에는 10번 떨어졌다. 마윈만 사는 동네에 KFC가 들어올 때, 24명이 입사원서를 내서 23명이 뽑혔는데 마윈만 떨어졌다. 또한, 경찰을 뽑을 때도 5명이 응시해서 4명이 뽑히고 마윈만 떨어졌다. 마윈은 직장을 잡기 전까지 30번이나 떨어졌다. 그는 이렇게 수없이 실패를 겪은 후, 알리바바를 창업하여 성공했다.

실패가 왜 실패였는지도 모르던 때가 있었습니다. 그러나 시간이 깨닫게 해 주더군요. 실패가 성공으로 이르는 길을 열어 줌을 배웠습니다. 결국, 실패는 성공의 실마리였습니다. (김용재, 의사. 마드리드 거주)

나는 이 말에 전적으로 동의한다. 이와 관련하여, 일본의 성공한 사업가인 고야마 노부로에 따르면 무슨 일이든 성공과 실패의 가능성은 반반이다. 이렇게 보면, 두 번째 도전은 성공 가능성이 75%에 이른다. 그리고 6번 실패하면 7번째 도전의 성공 가능성은 99%가 된다.[4] 성공은 실패를 무릅쓴 끝없는 도전의 결과이다.

39번 실패 끝에 성공한 난공불락의 대박 제품 WD-40

제품을 브랜딩하고자 하는 이들에게 전설로 꼽히는 제품이 있다. 개미에게 물렸을 때 통증을 없애주기도 하고, 머리카락에 붙은 껌도 없애준다. 바퀴벌레도 순식간에 죽일 수 있고, 싱크대나 변기를 청소하는데 쓸 수도 있다. 용도가 1,000가지나 되는 이 제품은 다용도 윤활유로 알려진 WD-40이다.

1950년대에 노만 러슨은 바닷물의 염분으로 인해 군함 기기들이 부식되는 것을 방지할 수 있는 액체를 만들어 달라는 부탁을 받게 된다. 그는 39번의 실패 끝에 기름에서 물을 제거하는 액체 Water Displacement 40번째 공식, WD-40을 개발해낸다.

본래 군용제품이었던 이것은 쓸모도 많고 효과도 좋아서 회사 직원들이 몰래 집으로 가져가 쓰다가 아예 1970년대에 가정용 제품으로 출시되었다. 이후 미국부터 시작하여 전 세계인의 사랑을 받는 제품이 되었다. 액체의 공식을 비밀에 부치기 위해 특허를 내지 않았는데, 60년이 지난 지금도

> 그 비밀을 유지하고 있다고 한다. 낚시할 때 미끼에 바르면 이상하게 물고기가 잘 잡혀서 피쉬 오일이 들어있다 등의 의심을 받기도 했다.

2 _ 성공

결혼하려면 결혼하자고 말해야 한다. 사랑하는 사람에게 결혼하자고 하면 54%가 'Yes'로 응답한다. 'No'가 나올 확률은 46%다. 사업도 마찬가지이다. 어떻게 사업에 성공할 수 있을까? 무엇이든 긍정적 답이 나오도록 묻고 시도하고 또 시도하라. 그러면 54%가 긍정적 결과에 이른다. 긍정적인 생각과 부정적인 생각의 에너지 차이는 99:1이다. 긍정적인 생각으로 공부하고, 듣고, 말하고, 시도하고, 도전하라. 그래야 인생이 바뀌고, 하나님의 세계를 누리고, 하나님 나라를 위해 일하고, 하나님이 원하는 사업가로 성공할 수 있다.
(안정삼, 브라질 상파울루 거주, 오찌모텍스 창립 회장)

누구나 생존을 위하여, 나아가 자기 영역확보와 자기 능력 증거를 위하여 성공에 집착한다. 성공은 우리에게 부와 명예를 가져다줄 뿐 아니라 우리의 자존심을 회복시키는 원동력이기도 하다.
하나님에 의해 선택받고 파송 받아 하나님의 큰 뜻을 행해야 하는 우리에게 있어 성공의 의미는 과연 무엇일까? 천국의 시민인 우리가

그리스도 밖에 있는 사람의 성공에 대한
집착과 원칙과 방법과 그 결과에 순응해야
할까?

1) 헛된 성공

세상이 성공에 얼마나 목말라 하는지 성공에
달라붙은 단어들만 봐도 알 수 있다. '성공
신화', '성공 공식', '성공 시대', '성공 명언',
'성공 가이드', '무조건 성공하는 법' 등등.
이렇게 성공에 미친 현대인들은 다음과 같은
성공 신화에 집착한다.

- 사업 규모는 클수록 좋다.[5]
- 돈을 벌기 위하여 타인의 이익을 취해야만 한다.[6]
- 성공을 위하여 가족은 희생되어야 한다.[7]
- 성공할 수 있는 시스템을 만들고, 사람을 시스템을 돌리는 수단으로 여긴다.[8]
- 성공에는 장기 계획과 행운이 필요하다.

이렇듯 세상 사람들은 성공을 꿈꾸며
경쟁적으로 성공의 사다리를 오른다.
이들에게는 열심히 오르고 올라, 정상에
도달하는 것이 성공이다.
그러나 반짝이는 것이 다 금이 아니듯, 모든
성공이 다 성공은 아니다. 세상이 말하는
성공의 정의와 성공에 이르는 방법은 사탄의
속임수다. 너무나 많은 사람이 돈과 성취라는
성공을 쟁취하기 위해 자신의 인생을 건다.
그러나 이들은 결국 헛된 성공은 허망한

것이라는 사실을 발견하게 된다.
헛된 성공은 크게 3가지이다. 첫째는 자신이 이룬 성취와 사람들의 인정(갈채)이다. 둘째는 부의 축적이다. 과연 얼마를 모아야 충분한가? 재정적으로 성공한 사람을 갈등하게 만드는 질문이다.[9] 셋째는 자기 욕망을 이루는 것이다. 그러나 욕망을 이루는 것으로는 우리의 영혼을 결코 만족하게 할 수 없다.[10]

2) 전인적 성공

한 영역에서의 성공만을 목표로 인생 전체를 걸던 소위 헝그리 정신 시대가 있었다. 판사, 검사, 변호사, 의사, 교수 등이 되겠다며 거의 잠을 안자며 노력하는 이도 있었고, 스포츠와 예능, 바둑, 목회 등등의 영역에서 최고가 되는 것을 성공이라 여기며 전투적으로 노력하는 이들도 있었다. 이러한 현상은 지금도 계속되고 있고, 사업가들이 특히 심하다. 그러나 주변을 살펴보라. 그렇게 한 영역에서 성공하여 명성과 부를 가지게 되었지만, 부모, 남편, 아내로서는 참으로 불행한 이들이 얼마나 많은가.
크리스천 사업가는 전인적 성공을 추구해야 한다.[11] 전인적 성공이란 '사회적 성공', '재정적 성공', '자기계발', '영적 성공', '건강함', '건강한 가족', '사업(직업)에서의 성공' 등이 조화를 이룬 상태이다.[12]

① **사회적 성공**
사회적 성공이란 사회적으로 인정받는 것뿐 아니라, 건강한 관계를 맺는 걸 의미한다. 건강한 관계에 대해 신약성경은 한 문장으로 명확하게 말하고 있다. "내 이웃을 내 몸처럼 사랑하라." 이 말씀이 건강한 관계의 핵심이다.

② **재정적 성공**
재산을 얼마나 가져야 성공이라 말할 수 있을까? 인생에 어려움이 닥쳤을 때 이를 해결할 수 있는 만큼과 내 가족과 이웃이 어려움에 닥쳤을 때 그들을 도와줄 수 있는 만큼의 재산을 가져야 한다. 돈은 나와 내 가족, 이웃이 어려움에 닥쳤을 때 그들의 어려움을 해결해 주는 데 필요한 것이다.

③ **자기계발** Personal Development.
적지 않은 기업이 직원이 가진 능력을 고갈시킨 후 퇴사시킨다. 그러나 직원의 가능성을 극대화할 수 있는 작업환경과 사회적 관계를 제공해 주어야 직원과 기업의 경쟁력이 향상된다. 이런 의미에서 크리스천 사업가 역시 자기계발에 정진해야 한다.

④ **영적 성공**
하나님은 헛된 성공에 대해 말씀하신 바가 없다. 성경이 제시하는 성공은 우리가 차지한 직위, 집, 소유, 우리가 얻은 명성에서 나오는 것이 아니라, 우리가 하나님께서 원하는

존재가 되는 때이다.

⑤ 건강
아무리 돈을 많이 벌어도 건강을 잃으면 아무 소용이 없다.

⑥ 건강한 가족 관계
가족과 함께 하는 삶에서도 성공해야 한다.

⑦ 사업 성공

3) 사업 성공의 9가지 법칙[13]

크리스천 사업가에게는 전인적 성공을 추구하는 과정에 있어 사업의 성공이 대단히 중요하다.

① **우리의 삶과 사업에 하나님을 가장 우선으로 모셔야 한다**(신 6:5).
"그리스도인이 하나님을 사업의 핵심에 두지 않으면서 어떻게 사업을 할 수 있는지 이해가 되지 않는다."는 크리스천 기업인 앤티앤즈 프렛젤의 창업자인 앤 베일러의 말을 기억할 필요가 있다.

② **하나님의 말씀을 알고, 삶과 사업에서 적용하라.**
하나님의 말씀을 매일의 삶 속에서 적용하는 법을 배우게 되면, 다른 이들이 실패하는 상황 속에서도 우리는 성공을 경험할 수 있다. 그러나 성경 말씀을 알지 못하면,

적용할 수가 없다. 결국, 말씀을 적용할 때만 경험할 수 있는 비즈니스 성공을 경험하지 못한다.

③ **크신 하나님께 큰 것을 기대하라.**
우리의 목적을 이루기 위해 우리 자신의 능력에 의지한다면, 우리는 그 에너지를 우리가 성취할 수 있다고 생각하는 목적에만 제한할 것이다. 그러나 우리의 시각과 능력 안에서 세우는 목적이 우리가 하나님의 그 무한한 능력을 확신하고 세우는 목적보다 클 수는 없다. 믿음으로의 성공이란, 믿음으로 세운 목적이 전능하신 하나님의 능력으로 이루어지는 것이다.

④ **제품보다는 사람에게 가치를 두어야 한다.**
사업에서 진정으로 성공하려면, 사람을 중요하게 여겨야 한다. 당신의 제품과 서비스를 구매하는 소비자만이 아니라, 사업에 연관된 모든 사람에 대해서이다.[14] 하나님께서는 우리가 평생 창출한 이익보다 예수 그리스도를 영접한 한 사람으로 인해 더 기뻐할 것이라는 사실을 명심해야 한다. 그러므로 일터에서 제품보다 사람을 더 소중히 여겨야 한다.

⑤ **하나님께 당신 이익의 최고를 택하여 드려라.**
하나님께서는 우리의 소득을 먼저 하나님께 드리면 물질적 축복으로 주시겠다고 약속하신다. 하나님은 우리를 물질적으로도

축복하신다(잠 11:24~25).[15] 크리스천 사업가로서 당신의 최고의 투자는 당신의 것을 절박한 이들과 나누는 것이다. 하나님께서는 이에 대한 보답으로 당신에게 위대한 선물을 주실 뿐만 아니라, 하나님의 천국 계좌에 당신의 보물을 입금해 주신다. 이러한 대박 투자를 도대체 어디서 발견할 수 있다는 말인가?[16]

⑥ **정직하고 성실해야 한다**(잠 16:11).
하나님께서는 사업의 모든 경우에 공평을 요구하신다. 이는 옵션이 아니라 하나님의 명령이다. 사업에 정직과 성실의 원칙을 세우신 분은 하나님이시다. 속여서 얻은 이익은 오래가지 않는다(잠 21:6~7).

현대의 일터는 속이고 훔치며 부정적인 방법으로 이익을 얻을 기회로 가득 차 있다. 그러나 옳은 일이라는 이유 하나만으로 정직한 행동을 하고, 정확히 계량하고 셈할 때 동업자는 당신을 존경할 것이고 고객과 경쟁자도 당신을 신뢰하게 될 것이다. 그러면 궁극적으로 당신은 성공하게 될 것이 틀림없다. 왜냐하면 사람은 언제나 정직한 사람과 거래하기를 좋아하기 때문이다. (웨인 도식)

⑦ **사업 성공을 추구하는 데 부지런해야 한다**(잠 10:4, 13:4).
부지런함은 하나님이 주신 시간을 효과적이고 생산적으로 사용한다는 의미다. 부지런함은 부와 성공의 열쇠이다.

⑧ **비난하지 마라.**
어부는 고기를 잡고, 사업가는 사람을 얻는다. 장사가 내 돈을 만드는 것이라면, 사업은 내 주변에(섬김을 주고받을 수 있는) 사람을 만드는 것이다. 성실하게 섬길수록 내 주변에 사람이 많아진다. 그런데 이 모든 노력을 한 번에 물거품으로 만드는 게 있다. 바로 비난이다.
작은 관심은 모든 것을 오래가게 하지만(Little care goes long way), 작은 비난은 오래된 관계를 파괴한다(Little blame breaks long relationship). 비난하면 관계를 망치고, 관계가 파괴되면 사업도 망한다.
영적 영향력을 끼쳐야 하는 크리스천 사업가는 어떤 경우에도 남을 비난해서는 안 된다. 비난으로 관계가 파괴되면 하나님의 나라를 파괴하는 것이나 마찬가지다.

⑨ **섬기고 기여해야 한다.**
이웃을 돕거나 곤란에 처한 이웃의 어려움을 해결해주기 위한 노력의 결과가 성공이며, 공동체와 조직 그리고 사회에 기여한 결과 또한 성공이다. 영국에서 가장 성공한 삼십 대 초반의 백만장자인 롭 무어Rob Moore는 이렇게 말한다.

이웃의 어려움과 사회의 다양한 문제를 외면하지 말고 공격적으로 해결하라. 그러면 당신의 가치는 높아질 것이다. (성공과) 부를 원한다면 더 많은 사람에게 기여하고 도움을 줘라.[17]

4) 성공을 위하여 적극적으로 리스크테이킹$^{risk\ taking}$ 하라

사업은 데인저테이킹$^{danger\ taking}$이 아니라 리스크테이킹의 연속이다. 리스크와 데인저는 다르다. 리스크가 지각^{perception}을 발휘하여 접근할 때 따르는 실패의 가능성이라면, 데인저는 말 그대로 위험한 상황이다. 리스크테이킹은 불확실한 상황에서 합리적으로 확실성을 찾는 도전이지만, 데인저테이킹은 위험한 상황에서 막무가내로 밀어붙이는 무모한 도전이다. 이런 의미에서 사업은 데인저테이킹이 아니라 리스크테이킹이며, 사업가는 데인저테이커$^{danger\ taker}$가 아니라 리스크테이커$^{risk\ taker}$이고, 성공은 데인저테이킹의 결과가 아니라, 리스크테이킹의 결과이다.

① 두려워 말라

두려움은 사업에 필수인 리스크테이킹에 적극적으로 달려들지 못하게 하는 주범이다. 두려움은 우리의 잠재력을 끌어내지 못하게 한다. 하나님은 우리에게 두려워하는 마음을 주시지 않으셨다. 하나님은 우리에게 능력과 사랑과 분별하는 마음을 주셨다(사 10:10~11). 그러므로 두려워 말고, 당신이 그렇게 만나고 싶어 하던 고객과 미팅을 잡아야 한다. 감히 만날 수 없다고 생각하고 있던 이에게 당신의 아이디어나 프로젝트를 제시하라. 실패할

수도 있겠지만, 안정을 벗어나 새로운 일에
도전할수록 당신은 성장하고 성공할 것이다.

② **하나님께서는 당신을 축복하기를 원하신다.**
크고 선하신 하나님께서는 당신을 축복하기를
원하신다. 하나님의 은총이 당신을 대신해
새로운 문을 열고 산을 옮길 것이다.
크리스천 사업가는 하나님의 기적과 같은
성공을 위해 리스크테이킹에 적극적이야
한다. 다른 방법은 없다.

③ **데인저테이킹을 피하라.**
하나님은 인간이 자연의 법칙에 따르도록
창조하셨다. 일주일간 잠을 자지 않는다면,
몸이 무너지는 것은 당연하다. 30층 위에서
뛰어내리면서 하나님이 중력의 법칙을
멈추시고 나를 보호해 주실 것이라는 생각은
버려야 한다. 이는 사탄이 광야에서 예수님을
시험할 때 쓴 거짓말이다. 예수께서도
자연법칙에 순종하셨는데(마 4:1~11),
우리라고 그것에 불순종할 수 있겠는가?
하지만 사업의 영역에서 수많은 크리스천
사업가들이 이런 데인저테이킹을 저지른다.
좋지 못한 계약을 하거나, 지혜롭지 못한
동업 관계를 맺거나, 검증되지 않은
프로젝트를 시도한다. '믿음'이라는 이름으로
말이다.
예수께서는 프로젝트에 앞서 비용을 따지라고
분명히 말씀하셨다. 정확한 계획 없이
건물을 짓고자 한 사람에 대해 이야기를 하지

않으셨는가? 결국 그는 실패해서 평판이 바닥에 떨어지게 되었다(눅 14:28~30).

④ 리스크테이킹할 때를 분별하는 방법들
어떤 사업가도 자신이 결정한 일을 100%를 다 성공할 수는 없다. 사업에서 실수는 다반사이지만, 실기(기회를 놓침)은 치명적이다. 이런 이유로 크리스천 사업가는 언제 리스크테이킹을 해야 하는지 하나님께 지혜를 구해야 한다.

- 직면한 상황을 해결하는 데 도움이 되는 성경 말씀을 읽어라. 당신의 사업 프로세스나 아이디어 또는 기회와 연관된 성경 말씀을 찾아 읽어라.

- 멘토나 멘토 그룹을 경청하라. 멘토나 마스터마인드 그룹과 같은 멘토 그룹을 경청하며 자기 생각과 비교해 보라. 이 분들은 당신이 미처 보지 못하는 부분을 볼 수 있게 할 것이다. 이분들은 당신이 한 단계 더 성장하고, 생산성을 더 높이기 위해 당신에게 공격적인 리스크테이킹을 권할 가능성이 높다.

- 심사숙고하라. 여러 가지 상황을 예상하고, 수익과 비용을 따져보고, 충분한 조사를 진행했는가? 일어날 수 있는 최악의 상황은 무엇인가? 만일 모든 것을 잃는다면 밤에 편히 잠을 청할 수 있겠는가? 예상 수준의

25% 밖에 되지 않는 이익을 얻는다면 어떻게 하겠는가? 당신의 시간과 에너지와 노력을 들일 가치가 있는 일인가? 진정한 믿음은 냉정한 현실을 받아들이는 데 있다.

- 성령의 음성을 들어라. 예수께 붙어 있다면, 그분이 당신을 이끄시고 열매 맺게 하실 것이다. 성령께서 위험을 감수하라고 하시면, 그에 순종하라. 그와 반대로 조심히 지켜보라고 하신다면, 또 그에 순종하라. 그냥 알게 되는 순간이 올 것이다. 예수 그리스도 안에서 성화 되고 있는 하나님의 자녀로서 당신은 그분이 당신을 이끌고 계신다는 것에 확신을 가질 수 있다.

5) 위협 속에서 번창할 줄 알아야 한다.[18]

비행기가 바람을 가르고 이륙하는 것이지, 바람의 힘으로 이륙하는 것이 아니다. (헨리 포드)

사자는 밀림의 왕이다. 그런데 사자가 잡은 먹이를 빼앗는 동물이 있다. 하이에나이다. 하이에나는 사자에게 물려 죽을 수 있는 위험을 무릅쓰고 집요하게 사자에게 다가가 먹이를 빼앗는다. 하이에나와 같이 사업가는 생명의 위협 속에서 생존해야 하고 더 나아가 번창해야 한다. 요는 이 위협을 어떻게 극복하느냐가 관건이다.
말라카의 환경에서 아보다를 실천하려면 말라카 세력의 온갖 위협이 끊이지 않는다.

이 영적 전쟁의 와중에 크리스천 사업가가
소명으로서의 사업을 번창시키려면 어떻게
해야하나?
40에 하나 감한 매를 다섯 번 맞아 죽을
위협에도(고후 11:24~25), 옥에 갇혀서도,
헐벗고 굶주림도 굴하지 않고 푯대를 향한
삶을 살았던 위대한 비즈니스 선교사 바울은
결박과 환난이 자신을 기다림을 알았지만
원수의 목전에서 밥상을 차려 주시는
하나님을 믿는 믿음으로 다음과 같이 말했다.

**내가 달려갈 길과 주 예수께 받은 사명 곧 하나님의
은혜의 복음을 증언하는 일을 마치려 함에는 나의
생명조차 조금도 귀한 것으로 여기지 아니하노라**(행
20:4).

이 한 문장으로 바울은 크리스천 사업가들이
위협 아래 번성하는 여섯 가지 방법을
알려주고 있다.

1. 소명이 흔들리지 않아야 한다.
바울은 감옥생활과 순교의 위험 앞에
두려워하지 않았다. 당신이 진정 그리스도
안에 거하고 있고 그분이 부르신 일을 행하고
있다면, 당신은 어떠한 위협 아래에서도
담대할 것이다.

2. 자신의 생명에 연연하지 않아야 한다.
"나의 생명조차 조금도 귀한 것으로 여기지
아니 하노라." 바울은 그의 삶이 가치가

없는 것이라고 하지 않았다. 그 자신에게
귀하지 않은 것이라고한 것이다. 그는
그리스도와 함께 십자가에 못박힌 관점에서
살아간 것이다. 세상에서 가장 안전한
곳은 바로 하나님의 뜻 아래 있는 것이다.
예수께서는 그분의 나라에서는 스스로
보호하고자 하는 이들이 가장 위협에 취약한
이들이라고 가르치셨다. 누구든지 제 목숨을
구원하고자하면 잃을 것이요 누구든지 나를
위하여 제 목숨을 잃으면 찾으리라(막 8:35).

3. 목표를 이루고자 하는 불굴의 다짐이
있어야 한다.
바울은 그가 달려갈 길을 끝마치고자 하는
다짐이 있었다. 그에 대한 기쁨이 있었던
것이다. 그리고 그는 그 길을 완주하지
않았는가? 그의 인생의 마지막에 그는
디모데에게 그가 하나님이 자신에게 맡기신
경주를 끝마쳤노라고 이야기했다(딤후 4:7).

4. 주 안에서 억제할 수 없는 기쁨을 누려야
한다.
기쁨은 특히나 위협 아래에 있을 때 더
중요하다. 빌립보인들에게 전한 편지에서
바울은 "주안에서 기뻐하라 … 너희에게는
안전하니라"(빌 3:1)라고 말한다. 근거 없는
긍정이나 피상적인 행복이 아닌 깊고 온전한
기쁨은 성령의 열매이다.

5. 사명을 이루기 위해 재능을 사용해야 한다.

바울은 그가 주 예수께서 자신에게 사명을 주셨다고 했다. 그가 스스로 노력하여 이룩한 사역이 아닌 것이다. 그가 받지 않은 사명을 받은 것같이 한 것이 아니다. 하지만 그는 그가 구원의 은혜를 값없이 받은 것처럼 그 사역도 그렇게 받았다고 말한다. 그것은 그가 자격이 있어 얻은 것이 아닌 것이다.

크리스천 사업가인 당신도 하나님에게 받은 사명이 있다. 사업의 모든 영역에서 하나님의 나라를 대변하는 것이다. 하나님이 당신에게 주시지 않은 곳에서 사역하고자 하는 대신에, 하나님이 당신에게 주신 재능을 사용하는 일을 한다면, 당신은 엄청난 기쁨과 보람을 느끼게 될 것이다.

6. 사명을 성취에 집중해야 한다.

바울의 삶의 사명문은 단 한 문장으로 설명될 수 있다. "하나님의 은혜의 복음을 증거했다"(행 20:24). 크리스천 사업가도 땅 끝까지 예수님의 영광과 좋은 소식을 나누도록 부름받았다.

바울의 다짐에서 얻어낸 원칙들에 힘입어 크리스천 사업가가 어떤 위협 속에서도 성공적으로 살아갈 수 있는 몇 가지 단계들을 적어본다.

- 고난이나 당신의 운명에 숨으려 하지 말라
- 거룩한 위험을 감수하라
- 사명을 끝까지 감당하고 유종의 미를 거둘 것을 다짐하라

- 기쁨에 헌신하라
- 주께서 주신 사역을 경작하라
- 소명에 대한 분명한 시각을 유지하라

10장

크리스천 사업가가
피해야할 6가지[1]

인간은 일을 통해 자기의 자존감과 권위를
찾아 서로의 물질적 필요를 충족시켜
주면서 풍성함을 누리며 살아가야 한다.
이 과정에서 사업은 매우 중요한 역할을
담당한다. 그러나 단지 생존만을 위한 사업은
일중독과 비효율적인 삶, 가족이기주의,
성공지상주의와 안정중독, 스트레스 등으로
변신해 사업가에게 치명타를 가한다.
크리스천 사업가는 이 여섯 가지를 반드시
피해야 한다.

1 _ 일중독

성공에 대한 집착, 도피 등이 원인인
일중독은 자신과 타인에게 가하는 폭력이다.[2)]
일중독에 빠지면 오로지 자기 사업에만
집중하기 때문 "주변의 모든 사람을 자기의
삶에 들어오지 못하게 막는다." 그래서 일
이외에는 다른 것을 볼 수도 없고 들을 수도

없으며 말할 수도 없다.
그뿐만이 아니다. 일중독에 빠진 사업가는 일 외의 다른 모든 것을 배제한다. 그리고 일을 탁월하게 해 내는 것과 완벽주의, 생산성에 집착해서 쉼 없이 일에만 몰두한다.[3]
사업가가 일중독에 빠지면 가족을 포함한 다른 사람과의 성숙한 관계가 사라진다. 그런데 "훨씬 비극적인 일은, 일중독에 걸린 사람은 하나님과의 순전한 관계에서 멀어지게 된다는 사실이다."[4]

2 _ 비효율적 삶

창조 시, 하나님의 형상을 닮은, 하나님의 동역자인 인간에게는 가장 아름답고 생산성이 높은 에덴동산이라는 일터가 주어졌다.
그러나 타락 이후, 에덴을 상실한 인간에게는 거친 정글이 일터가 되어 버렸다(창 3:17~19). 엉겅퀴로 가득 찬, 거친 정글에서 생존하기 위한 인간의 투쟁은 일(말라카)에서 기쁨과 행복을 누릴 수 없게 만들었다. 한 보고에 따르면 미국 총 노동자의 87%가 자기의 일에서 의미를 느끼지 못하며, 7,000개 회사의 350,000명의 종업원을 대상으로 조사한 바에 따르면 80%가 자신의 직업에서 재능을 잘 활용하지 못하고 있다고 한다.[5]
이렇게 앞장서서 일하고자 하는 마음도 없고, 건전한 집중도 없고, 창의성도 부족한 삶은 효율적이지도 효과적이지도 못하다.

3 _ 가족 이기주의

가족 이기주의는 성실·근면하게 일하는 목적이 자신과 가족의 생존과 안전만을 지키기 위한 것임을 뜻한다. 산업 혁명 이후 생겨날 수밖에 없었던 도시화는 일터와 교회와 집을 분리했다. 이로 인해 기독교인들은 일터 '분할적 믿음'을[6] 가지게 되었고 유럽과 북미에서 가족 중심주의가 생겨났다.

가족중심주의가 심해지면 가족이기주의가 된다. 가족이기주의의 특징은 가족의 폐쇄성이 강하며, 이웃과 사회에 대한 무관심이 지나치다는 것이다. 이러한 가족이기주의는 가족 이외의 다른 관계에 대한 무관심과 심지어는 그들과의 관계 파괴로 인해 "네 이웃을 네 몸처럼 사랑하라"는 명령을 위반하게 만든다. 윌키오는 풍자가 쿠르트 보네구트의 '카라스'와 '듀프라스'라는 용어를 들어 우리에게 교훈을 전한다.

부부가 점점 더 친구가 되어 가는 동시에 타인을 향한 축복이 될 때 그 결혼은 건강한 것이다. 행복한 결혼생활은 부부의 사랑을 초월해서 자녀와 가정 밖에 있는 사람을 보살피는 행위로 넘쳐흐른다. 풍자가 쿠르트 보네구트는 『고양이의 요람』에서 이러한 형태의 관계를 '카라스'라고 이름 붙였다. 카라스는 밀접하게 맺어진 사랑의 유대이지만, 그 경계선에 침투성이 있어 다른 사람이 자유롭게 들어와 그 사랑을 공유할 수 있게 되는 것을 말한다. 반대로 '듀프라스'는 배우자가 서로에게 집중하고 있어 아무도, 심지어 자녀들까지도 그 친밀함을 함께 나눌 수 없는 관계를 말한다.[7]

4 _ 성공지상주의 Careerism

성공지상주의란 사업(일)을 통해 자아성취는 물론, 입신양명을 추구하는 현상이다. 이 경우 사업(일)은 성공에 이르는 수단이 된다. 성공지상주의는 2차 대전 이후 출생한 미국의 베이비부머 baby boomers가 그 기반을 조성하고, 1980년대에 생겨난 도시족인 여피 yuppies에 의해 일어난 현상이다. 자신이 자신의 주인이 되어 자신의 인생을 통제하면서 자아실현을 목적으로 자신의 능력을 극대화하여 박차를 가해 앞만 보고 달려가는 것이 바로 성공지상주의다.

1980년대 들어 초기 베이비부머(빌 클린턴 등등)의 자녀가 대학에 가기 시작했다. 베이비부머가 자녀를 대학에 보내는 목적은 이들이 대학 졸업 후, 좋은 일자리를 잡고 좋은 배우자를 만나서 소위 말하는 부부 두 사람이 벌면서 live two income lifestyles 경제적으로 성공한 삶을 살도록 하기 위함이었다. 과거 세대는 "너 자신을 부인하라 Deny yourself"라는 성경의 말씀에 따랐지만, 후기 베이비부머(빌 게이츠 등등)과 여피는 "자아를 실현하라 Fulfill yourself."에 삶의 초점을 맞춘다.

또한 이전 세대는 "주 너의 하나님을 사랑하라Love the Lord thy God."는 말씀에 순종했지만, 후기 베이비부머와 여피는 "주 너 자신을 사랑하라Love the lord thy self."에 헌신한다.[8]

여피에 이르러 사업(일)은 완연한 세속화에 접어든다. 성공지상주의가 삶의 최우선 순위가 된 것이다. 성공지상주의에서는 "사업(일)의 궁극적인 목적은 자아성취이고, 사업(일)에서의 성공이 바로 인생의 성공을 의미하며, 얼마나 많은 물질적 부를 소유했으며, 전문성이 어느 정도며, 신분이 무엇인가로 그의 성공 여부를 평가한다. 또 사업(일)을 통해 무엇이든 얻을 수 있다고 여기며, 자신과 가족의 생존을 위한 수단으로써 일은 늘 삶의 우선순위다."[9] 셔먼Doug Sherman과 헨드릭스William Hendricks는 사업(일)에 대한 세속적인 개념은 적어도 세 가지 점에서 부정적이라고 말한다.

첫째, 사업(일)의 세속적 개념은 사업(일)과 자신이 해낼 수 있는 역량보다 더 많은 것을 기대한다.
둘째, 사업(일)의 세속적 개념은 성공지상주의를 우상화할 수 있다.
셋째, 사업(일)의 세속적 개념은 일의 시스템에서 하나님을 제외한다.[10]

성공지상주의에 빠진 현대인의 정글을, 에덴동산이 아닌 자신의 동산으로 만들려는 모든 시도와 투쟁은 패망으로 끝나게 되어 있다. 그러나 사업 현장에서는 황폐함을 향해 거침없이 달려가는 불안한 경주가 여전히 진행되고 있다.

'career'라는 단어는 원래 '마차'에 해당하는 라틴어에서, 후에는 '경기장 레이스 코스'라는 뜻의 중세 프랑스어에서 유래했다. 웹스터 사전은 'career'를 '전속력으로 힘차게 달려가다' 혹은 '질주하다'로 정의한다. 다른 말로 하면, 오랫동안 정말 빠른 속도로 달려가지만, 그 어디에도 이르지 못한다는 말이다.[11]

5 _ 안정 중독

하나님께서는 한 사람의 크리스천 사업가를 성장·성숙 시키시는 과정에 사업가의 패러다임 시프트를 요구하신다. 크리스천 사업가는 이 요구에 잘 응답해야 사업 영역에서 영적 영향력을 끼치는 사업가가 될 수 있다.
사업가의 패러다임 시프트를 막는 일은 마귀의 입장에서는 대단히 중요한 사역이 아닐 수 없다. 그러나 패러다임 시프트를 막는 주요 원인이 사업가의 심리적 장애이기 때문에 크리스천 사업가의 패러다임 시프트를 막기 위해 마귀가 금식하거나 철야기도 하는 일은 없을 것이다.
크리스천 사업가의 패러다임 시프트를 막는 심리적 장애는 바로 안정중독이다. 제럴드

메이는 인류에게 치명적인 중독은 바로 안정중독이라고 말한다. 안정중독에는 세 가지가 있다.

1) 돈 중독

돈 자체는 다분히 중성적이지만, 돈으로 안전을 사려는 마음 때문에 돈은 우상, 즉 맘몬이 된다. 돈이 맘몬화가 되면 돈이 우리를 지배하기 시작한다. 크리스천 사업가가 돈에 지배당하면 자신의 사업을 우상으로 섬기게 된다.

2) 관계 중독

자기가 좋아하는 사람이 자기를 좋아하도록 만들고, 자기 맘에 드는 사람을 통제하고 싶은 욕망이 바로 관계 중독이다. 선할 때는 좋지만, 상대방을 지배하려고 했을 때 문제가 된다. 애착이 집착으로 변하기 때문이다. 엄마가 정상적으로 자식을 사랑하는 것은 애착이다. 그러나 남편이 엉뚱한 일을 저지르니까, 남편을 사랑하는 것을 포기하고 그 사랑을 자식에게 쏟는 것은 집착이다. 집착은 또 다른 유형의 통제이다. 집착 속에서 자란 아이는 사회생활에 적응하기 힘들다. 타인을 통제하는 삶은 영적인 삶이 아니다.
크리스천 사업가는 사업으로 하나님과 이웃을 섬기는 사역자이다. 관계중독을 이겨내지 못하면 하나님과 이웃을 섬길 수 없다.

3) 권력 중독

권력에 대한 집착이다. 그러한 경향을 가진 사람이 조직에 헌신하는 이유는 조직을 자기 마음대로 조정하려 하기 때문이다. 리더십 충돌이 일어날 때, 혹은 공동체 생활을 하게 될 때, 권력 추구 성향이 강한 사람이 앞장서게 되면 공동체가 깨지게 되어 있다. 이런 사람은 어디를 가든 자기가 드러나야 하고, 좌중을 좌지우지해야 성이 찬다. 또, 좌중이 자기의 뜻에 따를 때는 돈을 막 내놓는다.
크리스천 사업가가 권력중독을 극복하지 못하면 자신의 사업을 통해 하나님께 영광을 올리지 못하고 바벨탑을 쌓게 된다.

6 _ 스트레스

사업가에게 스트레스는 매우 중요한 문제이다. 스트레스는 사업가 개인에게도 악영향을 끼치지만, 사업수행에도 악영향을 끼친다. 게다가 스트레스는 하나님과의 관계를 방해한다.
자기의 문제를 스스로 해결하고 싶지만, 해결책을 모를 때 스트레스가 발생한다. 결국, 좌절과 근심과 불안에 휩싸이게 된다. 그럴수록 우리는 더 열심히 더 오래 일에 집중하며 문제를 해결하려 한다. 그렇지만 처음부터

이 지경에 이르지 않고, 모든 문제를 주께 의탁하고 주님께서 해결하실 것을 철저하게 믿는 것이 지혜롭다. 결국 스트레스는 영적인 문제이다. 스트레스는 과로와 재정적 문제 등이 아닌 것이다.

크리스천 사업가는 하나님께서 자신의 문제를 해결해 주신다는 것을 믿으려 하지 않는 경우가 있다. 자신의 문제를 스스로 해결하려는 강한 의지를 가지고 있기 때문이다. 이런 이유로 사업가는 남보다 스트레스를 많이 받게 되는 것이다. 이들은 '운명은 내 책임이다!'란 잘못된 철학을 가지고 있는데, 이로 인해 스트레스와 불안에 휩싸이게 된다.

스트레스를 제거하기 위해, 누구나 자기중심적인 성격이 죄인 것을 고백해야 한다. 그리고 하나님께 모든 것을 맡기고, 해결해 주실 것을 믿어야 한다. 또한 모든 결정과 계획에 하나님의 인도하심을 받아야 한다. 그리고 이미 문제를 해결 중이신 하나님께 감사드려야 한다.

아무것도 염려하지 말고 다만 모든 일에 기도와 간구로, 너희 구할 것을 감사함으로 하나님께 아뢰라. 그리하면 모든 지각에 뛰어난 하나님의 평강이 그리스도 예수 안에서 너희 마음과 생각을 지키시리라(빌 4:6~7).

11장

크리스천 사업가를 위한 10가지 도움말[1]

1_ 영적 직분이 그 사람의 영성을 대변하는 것은 아니다

하나님이 기뻐하시는 일은 영성으로
하는 것이지 직책으로 하는 것이 아니다.
목회자이든, 사업가이든, 버스 운전사이든,
신학대학 총장이든, 가정주부이든 직책과
관련 없이 그가 영성의 사람이라면 하나님의
선교에 헌신하는 자이다.
영적 직책과 관계없이 영성이 없는 사람은
하나님의 선교에 합당한 사역자일 수
없다. 영성에는 계급이 없고 질서만 있을
뿐이다. 영적 직책에는 위계질서가 존재하지
않는다. 영성의 사람이라면 누구나 자기
삶의 현장에 파송된 사역자이다. 크리스천
사업가는 교회에서의 직분과 상관없이
사업으로 하나님이 기뻐하시는 일을 수행하는
선교(사역)적 존재이다.

2 _ 교회 안에서의 섬김만이 사역은 아니다

강단에서의 섬김(설교, 교육, 찬양 등)이 교회 내부의 다른 곳에서의 섬김보다 우월할 수는 없다. 눈에 보이는 섬김과 눈에 보이지 않는 섬김 역시 그 우열이 있을 수 없다. 그리스도의 사역이 설교이든, 치유이든, 상담이든, 혹은 성전을 청결케 하는 사역이든 다 동일했듯이, 교회 내의 모든 사역이 다 동일하다.

교회를 강단에 비유하자면, 전 세계의 사업은 교회 전체라고 할 수 있다. 그러므로 교회의 사역과 전 세계적인 선교로서의 사업에 우열이 있을 수 없다. 강단을 영적으로 소중히 여기는 만큼, 사업 현장도 영적으로 소중히 여기고, 사역적 가치를 충분히 인정해야 한다.[2]

그리고 교회가 강단 사역을 위해 아낌없이 투자하듯, 이 세상의 강단인 사업(일터)를 위해서도 모든 것(우수한 인력, 중보기도, 자원, 재정지원 등)을 아낌없이 투자해야 한다. 헌금을 드리듯, 소중하게 사업에 투자해야 한다. 너무나 당연한 이야기지만 사업은 섬김(아보다)이기 때문이다. 이익을 내기 위해서도 투자해야 하지만, 사업을 성경적 원칙으로 운영하기 위해서도 투자해야 하고, 하나님이 기뻐하시는 일을 위해서도 투자해야 한다.

거룩한 하나님의 백성은 '교회 사역'에만 관심을

쏟는 일을 중단하고, 복음 전도와 목회, 또는 선교에 쏟아부었던 것과 똑같은 열정으로 농업, 법률, 금융, 언론, 출판 등과 같은 분야에서 하나님의 거룩한 명령을 받들어야 한다. (달라스 윌러드)[3)]

2 _ 교회 안에서 투자하는 시간과 헌신의 수준은 다르다

크리스천 사업가는 교회 행사와 프로그램 그리고 사역에 참석하는 시간이 다른 성도에 비해 상대적으로 부족하게 보일 수 있다. 교회 내부인의 시각으로 보면, 크리스천 사업가의 믿음과 헌신이 부족해 보일 수도 있다.
그러나 크리스천 사업가의 교회 활동이 상대적으로 부족하다고 해서 하나님에 대한 헌신도 부족하다고 평가해서는 안 된다. 크리스천 사업가에게는 사업의 현장이 바로 교회이다. 크리스천 사업가가 사업을 아보다화 하기 위해 헌신한다면, 이는 사업 현장에서 첨예한 영적 전쟁을 치르면서 하나님의 선교에 헌신하는 것이다.
사업으로 하나님께 영광을 올리고 있는 크리스천 사업가는 교회 활동에 많은 시간을 내지 못하는 것에 대해 죄의식을 느낄 필요가 없다.

4 _ 교육과 훈련은 다르다

켄트 험프리스는 교육·훈련과 관련하여 3T를 말한다. 첫 번째는 말Telling이며, 두 번째는 교육Teaching이고, 세 번째는 훈련Training이다. 말이 교육 방법의 다가 아니다. 또한, 가르침을 경청한다고만 해서 배우는 것도 아니다. 행함으로써 배워야 한다. 말은 "방 청소 좀 해라."와 같은 단순한 명령이다. 가르침은 "창문을 열고, 빗자루를 들고, 바닥을 쓴 다음 걸레로 닦아라."라는 식의 설명이다. 그런데 훈련은 상호교류적이다. 교육자가 설명하고, 몸소 보여 주며, 피교육자와 함께 실행하면서 결국은 피교육자 스스로 청소하게 하는 것이다. 크리스천 사업가인 당신이 기도하고, 성경을 공부하고, 구제하고, 이웃을 섬기고, 전도하고, 선교하고, 성경적 원칙으로 사업하고, 사업의 모든 시스템을 아보다화하고, 자연 환경을 관리하는 등의 사명적 존재missional being로 살아가는 행위를 통해 주변의 그 누군가가 예수님을 따르고 섬기는 제자가 된다. 이런 식으로 본을 보여주는 제자 훈련이 교육의 한계에 이른 현대 교회에 절실하다.

5 _ 규모가 크다고 중요한 것은 아니다

교회의 규모가 아무리 크고 예산이

어마어마하다 해도 크리스천 사업가에게 영향을 주지 못하며, 교인의 숫자나 교회가 감당하는 선교지, 또는 교회 내에서의 직분 투쟁 등에 대해 크리스천 사업가는 관심이 없다. 크리스천 사업가는 자신의 사업을 통해 더 중요하고 의미 있는 아보다의 삶을 살아야 한다.

6 _ 주일 교회 활동을 열심히 하는 것과 영적인 삶은 다르다[4]

사업 현장에서는 평일이나 주일이나 하나님께서는 다 중요하다. 주일이 다른 요일보다 더 중요해서도 안 되고, 다른 요일이 주일보다 더 중요해서도 안 된다. 비즈니스 선교(사역)는 영적인 능력과 세속적인 영역의 파편이 아니라, 하나님과 동행하는 실제적인 활동이다. 그리스도인이 모든 일을 그리스도와 같은 자세로 행한다면 그 일은 거룩한 것이다.

사업을 통해 다른 사람의 삶에 영적 영향을 끼칠 수 있다면 이는 사역이다. 크리스천 사업가에게는 어떤 일을 하는지보다 어떤 자세로 그 일에 임하는지가 중요하다. 비즈니스 선교(사역)에 있어 교제도 중요하고 프로그램도 중요하지만, 기본적으로 예수님처럼 낮아짐을 통해 서로 돌보고 그리스도의 마음을 갖는 것이 더 중요하다(빌 2:1~11).

7 _ 제도보다는 개인에 집중해야 한다

제도보다는 개인이 더 중요하다. 예수 시대에 바리새인들과 종교지도자들은 자기의 율법과 제도를 개인보다 더 우선시하였다(막 7:8). 그러나 예수님이 개인을 우선하셨듯이 크리스천 사업가도 개개인을 우선으로 섬겨야 한다.

8 _ 명성보다는 종 의식이 더 중요하다

사역으로서 사업은 남을 섬기는 것 자체가 목적이지, 섬김으로 평판을 얻고자 함은 아니다. 크리스천 사업가는 일주일 동안 매일매일 집에서나 사무실에서나 말없이 섬김을 행하여야 한다. 섬김은 상대방을 훈련하는 매우 효과적이며 간접적인 방법이다(modeling).
명성은 사역자의 영성을 부패시킨다. 크리스천 사업가는 낮은 자로 오신 그리스도의 종 의식을(빌 2:6~11) 늘 마음속에 되새겨야 한다.

9 _ 세속문화를 피하지 말고 스며들어야 한다

크리스천 사업가는 세속문화에 스며들어야 한다. 세상은 날마다 혼란스럽고 복잡하고 감당하기 힘든 말라카로 악화되지만,

그럴수록 크리스천 사업가는 세속으로부터
도피하지 말고, 더 적극적으로 그 속에
소금과 빛으로 스며들어 말라카의 공간을
아보다의 처소로 만들어야 한다(마 5:13-16).

10 _ 개인보다는 팀워크를 우선하라

나보다는 우리의 능력과 지혜가 더 크다.
크리스천 사업가는 사업과 사역에 있어
팀워크를 우선해야 한다. 서로 통제하기보다
서로 동참하여 사업적 · 사역적 시너지를
창출해야 한다.

부록

크리스천 사업가의
21가지 사역 방법

1. 회사가 지향하는 성경적 가치를 문서로 만들어 신입 사원에게 가르치고, 회사 모임에서 이 가치에 대해 대화하라. 그리고 그 가치가 얼마나 중요한지 당신의 삶으로 보여 주라.

2. 근무 시간에 재정, 자녀, 결혼 등과 같은 주제를 성경적 관점에서 다루는 세미나를 직원에게 제공하되, 직원이 주제와 강사를 정하게 하라. 이 세미나에 불참했다고 해서 직원에게 불이익을 주지 마라. 세미나 참석은 의무가 아니어야 한다.

3. 최근의 시사 문제를 다룬 기독교 서적을 회사 내에 비치하여 언제든지 읽을 수 있도록 하라.

4. 직원 자녀가 그리스도인 캠프에 참석할 수 있도록 참가비를 제공하라.

5. 세일 기간, 혹은 연례 모임에 소금과 빛의 삶을 살도록 동기를 부여하는 전문 강사를 초빙하라.

6. 가능하면 총체적인 복음을 전하는 전문가를 고용하라.

7. 회사의 공식적 회식에서 기도하라.

8. 직원과 그 배우자가 주말 가정 세미나에 참석할 수 있도록 경비를 제공하라.

9. 추석, 성탄절, 신년 등의 시즌에 회사와 관련된 모든 이들에게(공급자, 고객, 바이어, 직원, 경쟁자 등) 재치 있는 영적 메시지를 적은 카드를 보내라.

10. 가능하면 매달 직원에게 편지 혹은 메일을 발송하여 최근 시사에 대한 자신의 견해라든가 개인적 도전을 알려라(직원의 배우자가 매우 열심히 읽을 것이다). 성경적 사상을 기본으로 작성하든지, 아니면 성경 말씀을 나누도록 하되 '설교'와 '종교적 언어' 사용은 피하라.

11. 성경을 눈에 쉽게 띄는 곳에 두고, 원하면 누구라도 무료로 가져갈 수 있음을 밝혀라.

12. 크리스천 CEO로 이루어진 마스터마인드 그룹이나 피어 그룹 또는 CBMC 모임에 매주 참석하라.

13. 직원 자녀를 위해 어린이용 크리스천 서적을 제공하라. 정기적으로 교회에 출석하지 않는 직원도 자녀와 손자에게 이 책을 읽어 줄 것이다.

14. 회사 이익의 일부를 사용하여 회사가 위치한 도시, 다른 지방, 혹은 해외 지역을 섬기도록 하라. 하나님께서 제공하시는 것을 자유롭게 나누어라.

15. 회사의 핵심 멤버를 크리스천 비즈니스 선교(사역) 콘퍼런스에 참석하도록 하라.

16. 직원 그룹을 만들어 다문화 속에서의 기독교의 역할이나 가치에 대해 공부하도록 인도하라.

17. 당신의 소득을 나누어 주어, 직원이 자기의 미래를 준비하도록 도와라. 직원에게 저축의 가치와 장기 투자, 그리고 복리 이자에 대해 가르쳐라.

18. 직원 자녀에게 장학금을 제공하고, 직원의 가족이 당신에게 우선적 존재임을 직원이 알게 하라.

19. 당신과 거래하고 있는 이들과 회사의 가치를 나누라. 그들에게 성경을 전해주면서 "이것은 비즈니스 원칙이 쓰인 위대한 책이다."라고 말하라. 그리고 시간을 투자하여 그들에게 긍정적인 복음 증거를 하라.

20. 가족과의 관계를 해치지 않는 선에서 추가 근무와 출장 스케줄을 잡아라.

21. 주차 공간이 충분하지 않은 경우 당신의 주차 공간을 포기하라.[1]

참고도서

국내 저서
김기영, 〈일터@영성〉, 예영커뮤니케이션.
Harry Kim, 〈크리스천 사업가와 BAM〉, 성안당.
Harry Kim, 〈태초에 관계가 있었다〉, 한알의 밀알.

사전
다음사전

외국 번역서
고야마 노부로, 〈삼류 사장이 일류가 되는 40가지 방법〉, 성안당.
나얀 찬다, 〈세계화, 전지구적 통합의 역사〉, 모티브 BOOK.
다니엘 라핀, 〈부의 비밀〉 씨앗을 뿌리는 사람.
대로우 L. 밀러, 〈직업에 대한 성경 신학의 발전화〉, 예수전도단.
데니스 바케, 〈일의 즐거움〉, 상상북스.
독일성서공회판 〈해설성경전서〉.
매츠 튜네핵, 〈Business As Mission〉, 예영커뮤니케이션.
로버트 뱅크스, 〈경영자의 영향력〉,

국제제자훈련원.
로버트 프레이저, 〈마켓플레이스 크리스천〉, 순전한나드.
롭 무어, 〈레버리지〉, 다산.
리스토퍼 크레인/ 이크 하멜, 〈왕 같은 제사장 경영자의 영향력〉, 국제제자훈련원.
린다 그래튼. 조성숙 역, 〈일의 미래〉, 생각연구소.
에릭 바인하커, 〈부의 기원〉, 램덤하우스.
윌키 오, 〈마음의 길을 통하여〉, 바오로딸.
웨인 그루뎀, 〈하나님의 영광을 위한 비즈니스〉, Crossway.
존 맥스웰, 〈인간관계 맺는 기술〉, 청림.
존 맥스웰, 〈크리스천이 직장에서 성공하는 법〉, 국제제자훈련원.
팀 켈러, 〈일과 영성〉, 두란도.
폴 마샬, 〈천국만이 내 집은 아닙니다〉, IVP.
폴 스티븐슨, 〈하나님의 사업을 꿈꾸는 CEO〉, IVP.
필립 얀시, 〈기도〉, 청림출판.
파커 J. 파머, 〈삶이 내게 말을 걸어 올 때〉, 한문화.
켄 엘드레드, 〈비즈니스 미션〉, 예수전도단.
Harry Kim, 〈BAM〉, 예영커뮤니케이션.
W. 오스카 톰슨, 〈관계 중심의 전도〉, 나침반.

영어원서

BusinessWeek (Mar 22, 2004)
C. Neal John, <Business As Mission>, IVP.
Dan Miller, <No More Mondays>, Doubleday
David Shibley &Jonathan Shibley, Marketplace Memos, Shibley.

Doug Sherman-William Hendricks. <Your Work Matters To God>. NavPress.

Denis O. Tongoi. <Mixing God with Money>, Bezalei Investments LTD.

Dr. Jorg and Jurg Opprecht. <Kingdom Companies: How 24 Executives Around the Globe Serve Jesus Christ Through Their Businesses>, Self published

Gene Edward Veith, <God at Work>, CROSSWAY.

George Hunter III, <How To Reach Secular People>, Abingdon Press.

Kent Eldred, <The Integrated Life>, Manna.

Kent Humphreys. <Last Investment>, NavPress.

Myron Rush, <God's Business>

Mark L. Russell, Mark Russell. <The Mission Entrepreneur, Principles and Practices for Business as Mission>.

Patrick Morley. <A Man's Guide To Work>, Moody Publishers.

Robert H. Schuller, <The Inspirational Writings>, Inspirational Press.

주석

1장 크리스천 사업

1) '킹덤 비즈니스'라는 용어는, 크라이슬러의 이전 CEO였던 토니 블랙이 명명했다.
2) 로버트 프레이저Robert Fraser에 의하면 "한 단체에 너무 많은 크리스천이 있게 되면, 그들의 마음은 더욱 협소하여져서, 자신과 자신의 의견에만 집중하게 되고 논쟁과 변론만 일삼는 경향이 있음을 보았다. 심지어 때로는 그들이 서로를 마구 헐뜯고 공격하기도 한다. 나의 경험으로, 크리스천들은 솔직히 믿지 않는 이들과 섞여 있을 때 '더 나아'진다." 반면에 회사 내에 크리스천이 너무 적으면 "건강한 영적 환경을 조성하는데 필요한 영적 '원동력'이 부족하게 된다" 이런 의미에서 프레이저는 회사 인력의 10~33%를 크리스천으로 채용하라고 권한다. (⟨Marketplace Christianity⟩, 149~151.)
3) 폴 스티븐스, ⟨하나님의 사업을 꿈꾸는 CEO⟩, 98.
4) 켄 엘드레드, ⟨비즈니스 미션⟩, 64-65.
5) 부정부패로 얼룩진 아르헨티나 정부가 교황청 산하 청소년 교육재단에 14억 원을 기부하자 교황은 이렇게 말했다. "사람을 착취하고 노예처럼 부려 번 돈으로 교회를 후원하려는 사람이 간혹 있습니다. 그들에게 말합니다. '그 돈을 도로 가져가십시오!' 하나님 백성에게 그런 더러운 돈은 필요치

않습니다."

6) www.auntieannes.com

7) Mark L. Russell, Mark Russell. 〈The Mission Entrepreneur, Principles and Practices for Business as Mission〉, 47~50.

8) 샬롬에 관한 최고의 성경적 개념은 하나님과, 자신, 이웃, 그리고 피조물과의 관계에서 '흠 없음'과 '평화'이다. 샬롬은 그의 피조물에 대한 하나님의 의도이며, 땅을 가꾸며 서로 돌보라는 창조의 명령에 포함되어 있다. 샬롬은 히브리인의 소망과 평화, 일체와 복지의 비전을 구체화했다(왕상 4:25, 시85:10~13). 구약성경 도처에는 하나님의 은혜와 회복의 약속엔 늘 물질적 축복과 비물질적 축복이 다 포함되어 있다. 안전한 피난처와 넉넉한 식량을 소유하는 것은 하나님의 선하심과 그 약속을 그대로 보여 주는 증표로 이해되었다(신 8장, 겔 34:25~31, 사 49:60~61). 정의와 의는 샬롬과 밀접하게 연결되어 있다. 정의(혹은 의)라는 단어는 성경에서는 주로 기업 또는 사회의 성화와 억압으로부터 놓여남을 언급하는 데 사용되었다. 정의는 모든 피조물을 포용하며, 개인의 책임과 윤리에만 제한되지 않는다. (2004 로잔보고서 59번.)

9) 인터넷에서 검색하면 Avodah 이름으로 사역하는 세계적인 자선단체들이 많다.

10) 유대인들이 안식일에 먹는 할라빵 Challah Bread이 있다. 이스라엘에서 할라빵은 목요일과 금요일에 저렴하게 판매된다. 안식일에는 누구라도 다 배불리 먹을 수 있도록 이스라엘 정부가 보조하기 때문이다. 매우 드물지만 안식일 정신 즉 아보다의 정신이 지금 이 시대에 유지되고 있다.

11) 섬김의 제1차적인 목적은 상대의 궁핍함을 해결하도록 돕는 것이다. 이 궁핍함의 원인을 찾아 상대의 숨겨진 필요를 해결해 주는 것이 섬김의 첫걸음이다. 크리스천 사업가는 궁핍한 이들에게 일자리를 제공하고, 궁극적으로 이들이 사업을 할

수 있도록 양육하고 이끌어 주어야 한다.

12) 다니엘 나찬, 〈부의 비밀〉, 82.

13) '하나님을 섬긴다'고 할 때와 '이웃을 섬긴다'고 할 때 동일하게 '아보다'를 사용하는 것은 하나님의 피조물 중 사람만이 섬길 수 있기 때문이다.

14) "지켜 거룩하게 하라"는 안식을 지키고 보호하지 않으면 우리는 365일 말라카의 학대에서 해방될 수 없다(렘 17:24~25).

15) 다니엘 나찬, 82.

16) 하나님께서 에덴동산을 만드셨을 때, 당시 에덴동산의 환경은 물질적, 사회적, 환경적, 영적으로 완벽하게 조화를 이룬 상태인 샬롬이었다. 죄로 인해 샬롬이 파괴되었을 때 예수께서 말라카가 횡행하는 이 땅에 오셔서 샬롬을 회복시켜 주셨다. 이 점에서 전통선교와 비즈니스 선교에는 접근 방법에 차이가 있다. 전통선교는 "먼저 가서 전하는 사역"에 중점을 두었기 때문에 '가서' 말씀을 전하는 사역a gospel에 집중했다면 크리스쳔 사업은 '가는 과정'에서부터 총체적 복음인 샬롬을 전하는 사역이다.

17) 눅 15:11~32.

18) 당시의 관습에 의하면, 아버지께 재산을 물려받았을지라도 아버지 생전에는 그 재산을 팔 수 없었다.

19) 학자들은 집을 떠난 탕자가 데가볼리로 갔다고 한다. 예수님을 거절했던 데가볼리는 (막 7) '열 성읍'을 뜻하는 헬라 말 '데카폴리스'에서 왔다. 예수님 당시에 주로 유대인 아닌 사람들이 살았고 헬레니즘 문화가 지배하던 열 개의 성읍이 동맹을 맺고 대부분 요단 동쪽에 있었다. 이 지역은 성지 안의 이교권으로 통했다(독일성서공회판 해설성경전서).

20) '방탕하여'의 원어는 '아소토스'인데, '성적 방종'을 뜻한다. 탕자는 아버지를 거부하는 도시인 데가볼리의 유흥가에서, 성적인 방송을 즐기면시,

전 재산을 흩날려 보내는 인생을 살았다.

21) 눅 15:11~32

22) 2015년 글로벌 이슈Global Issue에 의하면 약 30억 명 이상이 하루에 미화 2.5 달러 미만으로 연명하고 있다. 6억 명 이상이 하루 미화 1 달러로 연명하고 있으며 시간당 1,000 명 이상의 어린 아이들이 굶어 죽는다. 세계 22억 명의 어린 아이 중 10억 명이 빈곤에 시달린다. 세계 인구의 절반 이상이 도시와 그 주변 도시에 거주하는데, 그 중 1/3인 약 10억 명이 빈민 환경에서 거주한다.

23) "대지는 몸살을 앓고 바다는 오염되었으며 가정은 해체되고 사랑하는 관계에는 고통이 따르고 물질적 안락에는 만족이 없다. 진보의 신화 따위는 더 이상 안중에 없다. 어딘가 돌아갈 본향이 있음은 안 믿어도, 그것으로부터 멀리 있음은 알고 있다."
(힐러리 브랜드)

24) 폴 스티븐스, 〈하나님의 사업을 꿈꾸는 CEO〉, 117~118.

25) Kent Eldrd, 〈Integrated life〉, 14-15.

26) "일자리가 사라진다는 말은 일자리의 형태가 바뀐다는 말이 아닐까요?" BAM 사역자인 Jeffrey Lee께서 내가 이 주제로 페이스북에 올렸던 글에 댓글을 달았다. 그의 댓글을 다음과 같이 계속된다. "월마트에서 일하던 사람은 아마존에서 일하고… 미국에서 잃은 일자리가 개발도상 국가에서 일자리를 창출했다면… 하나님 나라의 시각으로는 손해가 없는 것 아닐까요? 미국에서의 일자리 하나가 없어지고 개발도상국에서 일자리가 3개 창출되면 후퇴라고 볼 수는 없지 않을까요." 나는 한 지역에서 일자리가 사라지는 현상을 말하고 있지만, 글로벌한 시각에서는 결국 이는 일자리의 이동이라는 Jeffrey Lee의 주장에 부분적으로 동의한다.

27) 미국과 일본 등 주요 선진국과 비교해도 전체 실업률 대비 청년층 실업률 격차가 가장 크다.

http://news.jtbc.joins.com/html/024/NB11464024.html

28) 2015년 우리나라에서 하루 3,000명의 자영업자들이 창업을 하고 2,000명이 폐업했다. 창업하여 1년 안에 그 30%가 망하고, 3년 안에는 50%가, 5년 후에는 80%가 문을 닫고, 20%만이 생존한다고 한다. 이는 창업 후 5년 내에 80% 회사가 망하는 미국과 비슷하다. 이렇게 살아남은 미국의 회사들의 80%가 5년 후에 망한다. 미국의 경우 한 해 100만 명이 창업을 하는 데(마이클 가버) 10년 후가 되면 4만 명만이 사업에서 살아남는다.

29) 대형마트의 등장으로 골목의 가게들이 사라졌고, 이 대형마트들 조차도 이제는 인터넷 쇼핑의 등장으로 휘청거리고 있다. 미국 최대의 백화점 체인점인 메이시스Macy's는 전체 매장 728개의 14%에 달하는 100개 매장을 폐쇄하기로 했다. 수익성이 떨어지는 이들 매장 대부분은 2017년 초 문을 닫았다. 월마트도 2016년 269개 매장이 문을 닫는다. 대형 마트를 찾던 고객들이 아마존 등의 인터넷 쇼핑몰로 몰리 때문이다. 이를 CNN 은 "아마존이 다 먹어치운다"라고 표현할 정도다(중앙일보, 2016.08.15.).

30) 애플사는 이미 모든 온라인 주문을 인도에서 받는다. 이렇게 산업의 모든 영역에서 제조원가가 더 적게 드는 지역으로 옮기게 되면서 일자리가 사라지는 경향은 21세기 들어 현저하게 나타난 현상이다.

31) 1960년대 인텔의 공동창업자인 고든 무어는 컴퓨터의 계산 능력이 매년 두 배씩 올라가는 '무어현상'을 발견했다. 그렇다면 인간의 초당 계산 능력을 돈으로 환산하자면 2023년엔 미화 1,000 달러가 되고, 14년 후인 2037년에는 1센트가 될 것이다. 이런 식으로 인간능력의 가치가 하락 되면, 인간의 노동력은 경쟁력을 상실할 것이고, 결국 최소한 경제의 영역에서는 쓸모가 없게 될 수도

있다. 이런 비극을 과연 누가 상상이나 해 봤을까? 이와 관련하여 기계와 자동화 시스템, 컴퓨터, 로봇 등에 의해 우리의 일자리를 계속 빼앗기게 될 것이다. 예를 들어, 미조리 주의 한 맥도날드에서 자동차 안에서 드라이빙 쓰루로 주문할 때 "무얼 도와드릴까요?"란 소리를 듣게 되는데 이 소리를 가게 안에서 하는 직원의 음성으로 착각하면 안 된다. 이 소리는 1,500 킬로미터 떨어진 콜로라도 스프링스에 소재한 주문센터 직원의 목소리이다. 주문센터의 직원들은 매장의 직원들보다 주급을 조금 더 받지만, 주문받는 시간을 1/3을 줄였고, 주문을 전달할 때 생기는 실수를 반으로 줄이며 급료를 더 받는다. 이는 고객의 주문을 빨리 해결하려는 목적도 있지만, 실은 제조 원가를 낮추려는 속셈이다.

32) 2016년 8월 17일 연합뉴스에 의하면 2016년 상반기에 한국의 10대 그룹 상장 계열사에서 나간 직원이 4천700여 명인 것으로 집계됐다. 8월 17일 재벌닷컴이 전날까지 금융감독원에 제출된 2016 회계연도 상반기 사업보고서를 분석한 결과에 따르면, 지난 6월 말 기준 10대 그룹 상장사 직원 수는 64만1천390 명으로 작년 말과 비교해 4천753명(0.7%) 줄었는데 업종별로 보면 구조조정 태풍이 불어닥친 3대 조선사에서 가장 많은 3천229명이 회사를 떠났다. http://m.media.daum.net/m/media/economic/newsview/20160817061204728

33) 과거에는 생산 자동화가 일자리를 없애는 주범이었지만, 오늘날에는 아웃소싱과 오프쇼어링 (아웃소싱의 하청업체가 외국에 있는 경우를 말함)도 일자리를 없애는 주범이 되었다. "일자리는 어디에 있는가?" BusinessWeek (Mar 22, 2004), 36-37.

34) 2017년 현재 미국에서 170만 명의 대형 트럭 운전사와 역시 택시, 버스, 운송차량 운전사 170만 명이 열심히 운전하며 살아가고 있는데, 인공지능

자동화로 이중 대형트럭 운전사의 90%에 이르는 150만 명이 10년 내에 운전대를 놓아야 할 거로 예상된다.
국제노동기구는 2016년 7월 수작업을 대신하는 로봇의 확산으로 향후 20년간 아시아 근로자 1억 3700만명이 실직할 수 있다고 경고했다. 세계 경제 포럼은 2020년까지 710만 개의 일자리가 사라지고 200만 개의 일자리가 생겨나, 총 510만 개의 일자리가 사라질 것으로 전망했다. 뿐만 아니다 인공지능에 의한 자동화로 향후 20년 내에 사무직 일자리의 50%가 로봇으로 대체될 것이라고 한다 (오스본 & 프로이드).
2017년 5월 4일자 아웃소싱타임스에 의하면, 제4차 산업혁명에 따라 인간의 노동이 컴퓨터로 대체되는 사례가 점점 늘어나고 있다. 최근 한국씨티은행은 전체 오프라인 영업점 80%를 폐쇄하고 관련 근로자들을 '고객가치센터', '고객집중센터'로 전환한다고 밝힌바 있다. 미래에셋생명과 삼성생명도 콜센터 상담 업무에 챗봇을 활용하는 방안을 검토 중인 것으로 알려졌다. 금융권에 따르면 출장소를 포함한 국내 17개 은행의 전국 영업점 수는 7,103개로 1년 전(7,278곳)보다 175개 감소했다. 영업점이 줄어들면서 직원 구조조정도 불가피해 졌다. 지난해 말 기준 국내 17개 은행의 총 직원 수는 1년 전보다 20% 이상 줄었다. 2017년 들어서도 국민은행이 1월 2,795명을 희망퇴직으로 내보냈다. http://www.outsourcing.co.kr/new/news/news_view.asp?idx=69366

35) http://v.media.daum.net/v/20170723181003622?f=m&rcmd=rn

36) 2016년 창업한 사업자는 122만6천443명으로 전년보다 3.0% 늘었지만 폐업한 사업자는 90만9천202명으로, 2015년 보다 15.1% 증가했다. 하루 평균 3천360개 사업장이 문을 열었지만 2천491개 사업장이 문을 닫은 꼴이다(2017년 7월 2일자

연합뉴스). 미국의 경우 GM과 코닥이 그렇게 쉽게 무너질 것이라고 누가 상상이나 했겠는가?
37) 크리스천 사업이 확장-발전되는 특징들을 이해하는데 도움이 되는 글이라고 생각되어 "Business as Mission is bigger than you think"라는 메츠 튜네그의 글을 메츠의 허락을 받아 참고하였다.
38) 2017.07.09., 전자신문, 길재식 금융산업 전문기자의 기사에서
39) 크리스천 사업은 직원들, 동료, 친구, 고객, 공급자, 의뢰인, 가족, 공동체, 세무담당자들 사이에서의 샬롬을 실현해야 한다.
40) 공공의 선은 지역사회와 그 지역사회를 이루는 개인들의 번창함을 돕는다.
41) 이 청지기의 사명을 감당하도록 하나님은 크리스천 사업가들에게 "창조의 가능성을 개발할 수 있고, 인간의 삶을 개선하고 윤택하게 할 수 있으며, 이 땅에 공동체를 세울 수 있는 기회가 주어지며 세계를 비옥하게 하고 통일하는데 참여할 수 있으며, 부를 창출하여 가난을 덜 수 있으며, 하나님의 나라에 투자할 수 있고 마지막으로 새 땅과 새 하늘을 만들어 가는데 하나님과 동역할 수 있는" 위대한 기회를 주신다. (폴 스티븐스, 41~55.)
42) Morely, 30.
43) Jorg Knoblauch and Jurg Opprecht, 〈Kingdom Companies〉, 135.
44) 비즈니스는 함께 떡을 먹었던(행 2:46) 초대교회의 유무상통의 시스템(행 4:32-37)과 관련된다. 이런 이유로 미국 기업의 탄생은 '회사란 신의 뜻을 받는 장' 이라고 믿었던 사람들로부터 시작됐다.
45) 물론 비즈니스와 직-간접적으로 관련된 모든 이들을 하나님의 사랑으로 섬기고, 그 업계에 선한 영향력을 끼쳐 잘못된 관행을 뿌리 뽑는 일이 최고의 제품과 서비스를 제공하는 것만큼 중요하다.

46) 사업은 섬김이다. 섬김의 정신에서 시작되고, 유지되는 사업이야 말로 참 사업이다. 사업은 섬김을 구체화하기 위해 물질, 에너지 그리고 정보를 하나의 상태에서 다른 상태로 전환하는 개인 혹은 다수가 연관된 시스템이다. 이는 "사업은 이익을 획득하기 위해 물질, 에너지 그리고 정보를 하나의 상태에서 다른 상태로 전환하는 개인 혹은 다수가 조직된 그룹이다."라고 한 에릭 바인하커의 정의와는 차원이 다르다.(에릭 바인하커, 447.)

47) 마크 러셀은 사업이 사역인 이유 5 가지를 제시한다. "사업은 공동체를 세우는데 도움help을 준다. 사업은 사람에게 그 필요한 것들을 공급provide한다. 사업은 사람들의 각각의 필요에 따라 그들을 섬길serve 수 있다. 사업은 사람들이 노력한 결과에 따라 올바르게 보상reward할 수 있다. 사업은 하나님의 창조를 보호하는 기회를 만들generate 수 있다." 이들 다섯 동사들은 '필요를 해결해 줌' 이란 뜻의 사역인 총체적 섬김을 이루는 실천적 동사들이다.(Mark L. Russell, 〈The Missional Entrepreneur〉, New Hope, 73~74.). 이 다섯 가지를 이루기 위해 크리스천 사업가들은 자신의 "사업에 깊이 파고들어야 한다."(폴 스티븐슨)

48) 리버뷰 은행Riverview Community Bank : 미네소타 주의 옷세고Otsego에 있는 리버뷰 은행은 지역인들을 섬기기 위해 설립되었다. 고객이 오면, 직원이 기도제목을 묻고, 고객 안에 숨겨진 보다 근원적인 필요에 관심을 기울인다. 이러한 소문이 퍼져서 자동차로 세 시간을 달려와 이 은행을 이용하는 고객들도 있다.

또 융자받은 이들이 제날짜에 융자금을 못내는 어려움을 겪고 있으면, 수금징수원을 보내지 않고, 오히려 그들의 처한 상황을 위해 "우리가 어떻게 기도해 줄 수 있을까요?"를 전화상으로 묻는다. 금융서비스 이전에 어려움을 겪은 고객들의 숨겨진 문제에 관심을 기울여 하나님의 도우심을 중보해 주는 이 은행은 하나님의 영광을 위해 진실로 이웃을 섬기는 신실한 은행이다. (https://www.youtube.com/watch?v=eRAWclLvgWg)

49) 2004, 로잔 BAM.
50) 미국인과 유럽인은 애완용 동물의 식량비로 170억 달러를 사용하는데, 이는 전 세계 인구에게 기초 건강관리와 필수 영양분을 제공하도고 40억 달러나 남는 액수라고 한다. 미국인이 화장품에 쓰는 돈은 80억 달러로서 이는 전 세계 인구에게 기초 교육을 제공하고도 20억 달러가 남는 액수다. 〈Doing God's Business〉
51) 폴 스티븐슨, 27-28.
52) 웨인 그루뎀. 〈하나님의 영광을 위한 사업〉, Crossway. 2003.
53) Novak, 〈Business as a Calling〉, 37.
54) 웨인 그루뎀. 〈하나님의 영광을 위한 사업〉, Crossway. 2003.
55) www.boisefrycompany.com
56) Mark Russell, 17~18.
57) 팀 켈러, 94에서 재인용
58) 부의 창출은 자산의 투자를 필요로 한다. 그리고 그 중에서 가장 중요한 것은 아마 그 사업을 시작하게끔 한 영적 자산일 것이다(Dr. Theodore Roosevelt Malloch, 2006.).
59) 영적 자본에 대해 무지한 일부 한국유학생들은 미국학교의 영적 자본을 축낸다. 영적 자본 축적에 도통 관심이 없는 한국인 더 나아가 한인 크리스천들 중 이 이야기를 마음에 담을 사람이 많지는 않을 것이다. 이와 관련하여 소비코 창립자인 권경섭 회장의 말은 영적 자본에 대해 무지하고 무관심한 우리 한국 사회의 단면을 드러낸다. "소비코가 설립한 예은장학재단을 통해서 14년, 그리고 회사에서 22년 약400여명에게 장학금을 줘 왔으나 그분들이 고마워하며 영적 자본을 쌓거나 사회에 되돌려 주는 사람이 별로

없다는 것이 안타깝습니다."
60) 켄 엘드레드, 〈The Integrated Life〉, 65.
61) 후진국의 경우는 무형의 자산이 60%를 밑돌고, 중진국의 경우는 70% 내외, 선진국은 80%를 상회한다.
62) 우수한 품질, 서비스, 보장제도 등은 다른 기업체와 확연하게 비교되거나 겉으로 두드러지는 요소는 아니다. 하지만 이런 요소는 고객의 기대치를 채워 주되 경쟁을 위해서가 아니라 주어진 재능을 최대한 발휘하고 최선을 다하겠다는 태도에서 비롯된다(켄 엘드레드).
63) 또 하나의 예가 더 있다. 자신 혹은 자신의 회사에 100,000불 이상의 이익이 생기는 불법행위가 있는데. 걸려서 감옥에 갈 확률은 1%. "이 경우 어떻게 할 것이냐?"며 미국의 한 비즈니스 스쿨의 학생들에게 물었다. '불법을 저지르겠다'고 대답한 학생이 1/3이었다(켄 엘드레드).
64) 크리스천 사업은 친환경적이어야 한다. 사업의 모든 영역에 있어서 자원을 보호하고, 환경을 지켜야 한다. 먼저는 회사와 작업실 내부를 친환경으로 꾸며야 한다. 모든 에너지를 저비용고효율로 사용하기(전구 등), 자원을 절약, 분진제거기 설치, 친환경페인트 사용 등. 다음으로 작업 후 배출되는 하수를 정수하고, 특히 제조과정에서 발생하는 공해를 억제하고, 작업먼지를 제거하고, 소음을 줄이는 등 주변의 환경에 피해를 주지 말아야 하고, 지역과 나아가 국가와 전세계적으로 환경을 보호하는 일에 앞장서야 한다.
65) 위키백과.
66) 톰스 오브 메인은 고객의 건강을 섬기고, 파트너들을 격려하고, 직원들에게 권한을 부여하며, 나아가 더 좋은 세상을 만들기 위해 함께 도우고 있다. 톰스 오브 메인은 장기적으로 고객과 자사 직원들 섬기며, 안전하고 깨끗한

제품을 소비자들에게 제공해 지역사회에 공헌하고, 더 나아가 깨끗하고 아름다운 세상을 만드는데 기여한다. 이는 하나님의 창조하신 에덴 동산의 회복이며, 네 이웃을 네 몸처럼 사랑하라는 황금률을 행하는 사역이다. 톰스 오브 메인은 사회적으로나 환경적인 방법으로 회사의 이익을 창출하는 윤리 경영을 한다. 이런 생각을 가진 임직원들과 직원들의 생각은 항상 서로를 섬기며, 혼자만의 이익을 취하는 것이 아닌 공익을 바라보는 따뜻한 시선을 가지게 되었다.

67) Jorg Knoblauch and Jurg Opprecht, 16~17.
68) 하버드 비즈니스 스쿨 동창생인 세이지와 크리스가 설립한 푸라 비다 커피(Pura Vida Coffee)가 그 대표적인 케이스이다. 이들은 카페에서 판매되는 커피값에 비해 현지 생산자들에게 돌아가는 돈이 터무니 없이 적은 것을 보고, 생산자가 적절한 원두값을 받을 수 있는 투명한 거래를 시작하여 대표적인 공정거래업체가 되었다. 또한 수익으로 코스타리카의 가난한 이들을 돕고, 샬롬의 환경을 회복하는 일을 진행하고 있다.(http://puravidacreategood.com)
69) BAM, 로잔 2004 보고서, 62~66

2장 크리스천 사업가

1) C. Neal John, 〈Business As Mission〉, IVP, 236~237.
2) 이들은 단순한 교회출석자로 남아, 최소한의 섬김과 신앙생활을 하며, 영적인 도움과 멘토링을 받기를 거부한다.
3) 위의 책, 237.
4) 크리스토퍼 A. 크레인 &마이크 하멜.
5) 폴 스티븐스, 284쪽에서 재인용
6) 영화 '월스트리트의 늑대'에서 조던 벨포트의 역할을 한 레오나르도 디카프리오의 대사.

7) 소명의식이 직업의식으로 바뀌면 사람의 개인적 삶(주일)과 공적인 삶(월요일부터 금요일까지) 사이에서 연결고리가 약해진다. 따라서 직업은 거룩한 사명이라기보다는 개성의 표현이며 부르심에 순종이라기보다는 개인적인 성취 수단이다. 그리고 사회적인 변화라기보다는 개인적인 충족감이다. (로버트 뱅크스, 경영자의 영향력, 52.)

8) 로버트 프레이저, 〈마켓플레이스 크리스천〉, 31.

9) 사업가들은 자기만의 성공신화에 빠져 자기만의 리더십을 행하며 자기방식으로 일을 해결하느라 바쁘다. 말라카의 환경에서는 '바쁨'과 '무의미한 행동'을 뜻하는 비지니스^{busyness}가 지배한다. 비지니스에 속하면 누구라도 바쁘다. 그래야 생존할 수 있기 때문이다.

10) "스마트폰, PC를 넘어 자동차, 냉장고, 세탁기, 시계 등 모든 사물이 인터넷에 연결되는 것을 사물인터넷$^{Internet\ of\ Things}$이라고 한다. 이 기술을 이용하면 각종 기기에 통신, 센서 기능을 장착해 스스로 데이터를 주고 받고 이를 처리해 자동으로 구동하는 것이 가능해진다. 교통상황, 주변 상황을 실시간으로 확인해 무인 주행이 가능한 자동차나 집 밖에서 스마트폰으로 조정할 수 있는 가전제품이 대표적이다"(다음사전).

11) http://m.sisaplusnews.com/news/articleView.html?idxno=15097

12) 만약 이 소명 마그마가 분출되지 않았다면 베드로는 깊은 곳에 부망을 넌시시 않았을 것이다. 전문 어부가 비전문가의 "깊은 곳에 그물을 내리라."라는 말에 순종하기를 기대한다는 것 그 자체가 상식적으로 말이 안 된다.

13) 소명이란, 주께서 내게 주신 재능을 사용해서 그분의 계획에 따라 영원히 의미 있는 방법으로 일하라고 부르시는 하나님의 초청이다.

14) 예수님은 공생애를 시작하면서 요단강에서 세례를 받으셨다, 요단강에서 나오시며 사명적 존재로

출사표를 던지자 하나님께서는 "이는 내 사랑하는 아들이요 내 기뻐하는 자라" 하셨다 (마 3:17). 이렇듯, 베드로가 말씀에 의지하여 깊은 곳에 그물을 던졌을 때 하나님께서는 "베드로는 내 사랑하는 종이요 내 기뻐하는 자라"고 말씀하시며 기뻐하셨음에 틀림이 없다

15) 깊은 곳에 그물을 던진 베드로에게 또 하나의 깊은 곳은 자신의 마음속이었다. 마음은 관계의 화학반응이 일어나는 곳이자, 태초에 하나님께서 주셨던 소명이 발아되는 곳이다. 소명은 하나님의 부르심에 응하는 삶이자^{calling, vocare} "내가 추구해야 할 목표가 아니라 내가 들어야 할 내면의 부름의 소리"(파커 파머)에 응답하는 것이다. 마음은 내면의 부름의 소리를 듣는 곳이자 소명의 실천을 결단하는 곳이다. 우리는 늘 '마음 깊숙히' 들락이며 ^{solitude} 그 내면의 소리를 경청해야 한다.

16) 성경에 등장하는 대부분의 위대한 영웅들은 세속적인 직업에 부름 받은 사람들이었다. 아브라함은 요즘으로 보면 부동산 개발업자였고, 야곱은 목장의 일꾼이었다. 요셉은 국무총리였고, 에스더 왕후는 미인 대회 입상자였고, 루디아는 직물 짜는 사람이었다. 그 외 많은 영웅들은 군인들이었다. 내가 좋아하는 다니엘은 바벨론의 하버드대학을 졸업한 정치인이었다. 이들은 목회자도 아니었고, 목회자를 돕는 직업에 종사하지도 않았다. 사실상 그들은 자신들이 믿는 신념과는 반대편에 있는 조직 속에서 리더로 일했다. 한 마디로 그들은 세속적인 조직을 위해 일했다(데니스 바케).

17) 이 초청을 받아들이는 자는 사업 현장에서 신앙이 드러난다. (크리스토퍼 크레인/ 이크 하멜, 〈왕 같은 제사장 경영자의 영향력〉)

18) 다니엘 라핀, 141.

19) Clive Wright, 〈The Business of Virtue〉, 79. (폴 스티븐스, 50.에서 재인용)

20) 아이폰 가격이 100불을 기준으로 했을 때, 5불은 조립 비용이고, 30불은 재료와 부품값, 나머지 65불은 아이디어와 디자인 비용이다. 이 65불은 0에서 1, 즉 원천기술을 발견하거나 가지고 있는 사업가의 몫인 것이다.

21) 창조성이 가장 잘 발휘되는 곳은 기업이다.
"'창조성'이 가장 잘 발휘되는 곳이 기업인데, 이 창조성은 하나님이 세상을 위해 은혜로 내려주시는 방편이다. 하나님이 만드신 모든 부요함을 현실화시키는 데 있어 기업을 가장 적극적이며 창조적인 것으로 본다. 즉, 기업의 창조적인 기능을 통해 하나님이 오랜 기간 동안 피조세계 안에 주어진 보화들을 대중에게 유용하게 하는 것이다."
(배종석 외, 〈기업이란 무엇인가〉, 57~58.)

22) 우리의 이웃은 우리가 전하는 복음보다는 우리를 통해 그들에게 흘러갈 축복에 절대적인 관심을 두고 있다. 이와 관련하여 그리스도인이 전도자이기보다는 먼저 축복자로 이웃에게 다가갈 때 더 많은 생명을 구원했다는 보고가 있다. 태국에서 동일한 조건에서 영혼구원 중심의 전통선교사들이 1명을 전도하는 동안 축복자로 이웃을 섬긴 크리스천 사업가들은 48명을 전도하였다. (Mark L. Russell, 183~198.)

23) 지혜와 명철을 소유하고, 신실하고 성실하며, 후하게 주지는 않으면서 오직 기도로만 성공을 바라는 것은, 돌이 떡이 되기를 바라는 것처럼 성경적이지 못하나.

24) 사업가로서 청지기가 누리는 특권을 즐길 수 있음을 알아야 한다. 이러한 사고방식은 하나님이 만물의 주인이라는 사실에서 비롯된다(학 2:8, 시 50:12). 이 깨달음 하나만으로도 우리의 행위와 선택들을 크게 달라진다.

25) 그리스의 7현인(七賢人) 중 한 사람으로 알려진 그는 배타적인 귀족정치를 종식시 키고 금권정치로 대체했으며 새로이 좀더 인도적인 법을 도입했다.

594년 시민을 4등급으로 구분, 정치 참여 권리 제한, 400명으로 구성된 평의회 신설, 드라콘법 폐지, 새로운 법률 제정, 도량형 개정을 했다.

26) 솔론의 정치개혁은 재산에 따라 시민을 4등급으로 구분하여 정치적 권리와 폴리스 방어의 의무에 차등을 둔 금권정치Timokratia였다.

27) 홍익희, 〈유대인 이야기〉, 행성 : B잎새, 26.

28) 위의 책, 36.

29) 위의 책, 36.

30) 1929년 3월 17일자 미국 뉴욕 타임스.

31) 이렇게 역사 속에서 사라졌던 우르는 1929년에 발굴되었다 "1929년 3월17일자 미국 뉴욕 타임스의 머리기사는 모든 기독교인의 시선을 집중시키기에 충분했다. '우르의 발굴, 새로운 아브라함의 발견' 그 밑으로는 다음과 같은 소제목들이 이어졌다. '아브라함은 유목민이 아니라 도시의 창시자', '하갈의 추방은 합법적,'구약성서의 관습들을 고고학적 발굴을 통해서 확인함' 때마침 몰아닥친 경제공황의 우울한 나날 속에서 실의에 잠겨 있던 미국민들에게 이러한 파격적인 뉴스는 성서적 복음주의에 마지막 희망을 갖게 했다."(http://blog.naver.com/pjt2282)

32) Rich Christians in an Age of Hunger

33) 크리스천 사업은 기부에 머물러서는 안 된다. 크리스천 사업은 가정과 사회와 교회와 국가 더 나아가 인류공동체에 책임감 있는 존재로서의 인간 개발을 매우 공격적으로 돕는 사역이지, 섬기고자 하는 이들의 개발을 가로막고 허약하게 하여 의존심만 부추기는 선행은 결코 아니기 때문이다.

34) 데니스 바케, 27.

35) 불공정거래를 막고 공정거래를 실시해야 한다. 공정거래는 말라카시스템을 아보다시스템으로 바꾸는 대표적인 전략이다. 하버드 비즈니스 스쿨 동창생인 세이지와 크리스가 설립한 Pura Vida Coffee 사역이 그 대표적인 케이스이다.

이들은 카페에서 판매되는 커피 값에 비해 현지 생산자들에게 돌아가는 돈이 터무니 없이 적은 것을 보고, 생산자가 적절한 원두 값을 받을 수 있는 투명한 거래를 시작하여 대표적인 공정거래업체가 되었다. 또한 수익으로 코스타리카의 '가난한 이들을 돕고', '환경을 회복하고' 등의 샬롬을 회복하고 있다.

36) 수익성이 없거나 비생산적인 기구축소 또는 감원으로 원가를 절감하여 생산성과 경쟁력을 높이는 것이 목표이다. 그러나 종업원들에게 과중한 업무부담을 줄 수도 있기 때문에 다운사이징에는 신중해야 한다. 다운 사이징을 명분으로 특정 직원을 학대하는 악한 사업가도 있다.

37) 한 예로 말라카가 번성한 나라에서 뇌물과 탈세를 없애는 등의 '올바른 상거래와 적절한 급여 체제를 정착시키는 데 기여해 왔다.' 이런 이유로 동방권 나라들에서 부정부패가 줄어든 이유가 기독교의 영향이라고 한다.(위의 책, 269.)

38) "세계의 빈곤을 가장 오랜 기간 동안 해결하고 있는 것은 비즈니스다."(웨인 그루뎀, 〈하나님의 영광을 위한 사업〉, Crossway, 2003.)

3장 크리스천 사업가의 영적 무장

1) 그러나 사업에는 집중하지 않고 기도에만 집착하는 유혹을 잘 피해야 한다. 사업에 지각과 재능을 극대화하지 않고 기도에만 전념하는 분들이 있다. 이는 사업가의 마땅한 바가 아니다. 사업도 기도이고 또 믿음이다. "장사하는 분들 중에 기도는 많이 하시면서도 손님과 종업원을 섬기는 데는 무관심한 분들이 있어요. 저는 그분들에게 기도와 일이 조화를 이루어야 한다는 말을 해드리고 싶습니다. 저는 사업을 하면서 생활의 전부가 기도가 되어야 바른 믿음이라는 사실을 깨닫게 되었죠." (전석현 대표,

불란서 툴루즈에서 한식당인 Boli cafe 운영)
2) David Shibley &Jonathan Shibley, Marketplace Memos, 82~84.
3) 위의 책, 54~56.
4) Myron Rush, 〈God's Business〉.
5) 헤르트, 2012년 4월 28일
6) 폴 스티븐스는 사업의 현장에서 지켜야 할 성경의 네 가지 원칙을 제시한다.(폴 스티븐슨, 24~28)
   - '하나님의 명령에 따른 일이어야 한다.'(창 1:28; 2:15).
   - '하나님의 목적에 꼭 들어맞는 일이어야 한다.'
   - '하나님의 방식대로 덕스럽게 수행되는 일이어야 한다.'
   - '영구적인 가치를 지닌 일이어야 한다.'(고전 3:10~15).
7) Jorg Knoblauch and Jurg Opprecht, 6~8.
8) David Shibley &Jonathan Shibley, 89~91.
9) 빌게이츠의 사업의 멘토는 워런 버핏이었지만 인생의 멘토는 아버지였다.
10) Rob Moore, 〈레버지리〉, 92.
11) 위의 책, 144.
12) David Shibley &Jonathan Shibley, 129~130.
13) 말라위 '에바다 치과'의 목적은 다음과 같다. 첫째, 명목상의 신자들이 많은 말라위에서 신자로서의 일상적 삶의 모범을 제시한다. 둘째, 하나님의 나라를 이루는 한 부분인 신자로서의 삶이 사회에 부각될 수 있도록 겸손히 사회를 위한 공헌을 한다. 셋째, 말라위 뿐 아니라 몽골, 한국의 프로젝트 에바다 구성원들도 같은 비전을 가질 수 있도록 한다.
강지헌 원장의 운영 원칙은 다음과 같다. 첫째, 병원진료의 탁월함을 유지하기 위해 지속적으로 노력한다. 둘째. 모든 수입, 지출의 투명성을 확보하고 정직히 납세한다. 셋째, 직원들에게 적절한 보수를 보장한다.

14) 댄 밀러, 〈나는 춤추듯 일하고 싶다〉, 136.
15) 모든 그리스도인들은 하나님의 동역자들이며, 서로가 그리스도의 몸을 이루어 하나님의 선교에 동참해야 하는 것이 하나님의 뜻이다. 그러나 불행하게도 교회사의 오랜 세월 동안 우리는 잘못된 위계질서 속에서 살아왔다. 모두가 그리스도의 한 몸을 이루는 지체들이며, 그리스도의 몸 안에서 모두가 평등하며, 누구라도 자신의 자리와 위치에서 하나님의 선교에 동참할 수 있어야 했는데, 소위 선택받은 극소수만이 하나님의 선교에 임하고, 그 일이 가장 가치 있고, 위대한 일이라 생각해 왔다. 이로 인해 선교에 직접 동참하지 못하는 세속적 직업에 속한 일터의 그리스도인들은 하나님의 선교와 관련해서 늘 소외되고, 이류라는 인식 속에 갇혀 있었다. 이는 성경 그 어디에도 근거가 없으며, 본질적으로는 성경과 반대되는 사상이다.
16) 벤 페터슨에 의하면 "그것도 아주 고차원적인 일인 하나님의 피조물을 경영하는 것이다." 이것은 소명이다. 모든 직업, 우리가 살아가기 위해서 또 한 끼 양식을 얻기 위해서 하는 모든 일은 그것이 아무리 사소한 것이라 할지라도-버스를 운전하는 일이든, 표지판을 칠하는 일이든, 전화 받는 일이든, 컴퓨터 프로그램을 만드는 일이든 간에-세상을 경영하라는 이 명령에 비추어 볼 수 있다. 스스로 이 진리를 발견할 때, 우리가 누구며 우리의 참된 행복이 무엇인지를 발견할 수 있을 것이다. 그 때 우리 각자가 가진 독특한 빛깔들이 우리의 존재 안으로 되돌아오게 될 것이다. (벤 패터슨, 〈일과 예배〉.)
17) 데니스 바케, 270~271.
18) 마르틴 루터, 팀 켈러의 일과 영성, 85.에서 재인용
19) Markus Melliger, "Choosing a Leadership Model: Servant Leadership at a glance," in Servent First, ed. Grace Preedy Press Barnes, 19. Neal Johson 206~207에서 재인용

4장 크리스천 사업가의 사명

1) 로버트 프레이저, 19.
2) 루터는 "각 사람은 부르심을 받은eklethe 그 처지 klesei에 그대로 머물러 있으라."고 말했는데, 신학자인 도날드 헤이게스는 "실제적인 목적상 루터는 소명(Beruf)이란 단어를 교회의 부르심과 삶의 처지로의 부르심을 모두 포괄하고 있는 것으로 사용하고 있다."고 한다. (폴 스티븐슨, 54.)
3) 크리스토퍼 크레인/마이크 하멜, 52.
4) Jenner, Edward(1749.5.17~1823.1.26) 영국의 의학자로 우두접종법을 발견하였다.
5) 필립 얀시, 〈기도〉, 470.
6) Morley, 62~63)
7) Kent Humphreys, 〈Last Investmens〉. NavPress, 102.
8) 켄 엘드레드, 〈The Integrated Life〉, 25~26.
9) 유대인 남성에게는 목요일 아침의 활동이나 안식일 아침의 회당에서의 활동이 모두 동일한 예배의 표현이었다. 성경의 그 어떤 부분도 그리스도인의 삶이 성스러운 것과 세속적인 것으로 구분될 수 있다고 말하지 않는다. 성경은 오히려 우리의 일을 포함한 삶은 모든 활동이 하나님을 향한 온전한 섬김의 삶이 되어야 한다고 말한다. (댄 밀러, 〈나는 춤추듯 일하고 싶다〉, 74.)
10) 데니스 바케, 272.
11) Jorg Knoblauch and Jurg Opprech, 84~87.
12) 얼티메이트 서포트 시스템스의 사역은 다음과 같다.
    1. "Business in Ministry"라는 회사의 미션과 비젼은 명함, 제품 카달로그, 그리고 인터넷 상에서 분명히 명시되어 있다.
    2. 회사의 사업계획 이외에 사역계획도 함께 준비한다. 영적인 목적으로 쓰이는 재원을 위한 기부금 마련 등을 포함하고 있다. 이 둘 계획은

동일한 비중으로 회사의 전체 계획을 아우르고 있으며 전략적인 효과를 최대화하기 위해 서로 시너지를 내고 있다.

3. 부 사장으로 목사가 있다. 이 목사는 회사의 5명의 부사장 중 일인으로 회사 내 조언과 상담 직원들의 문제 해결등을 도와준다. 60%는 선교 사역에 40%는 회사 관련 직무에 힘쓴다. 다른 위원들과 협동하며 회사를 공동 운영한다.

4. 수익의 1%는 기부금으로 쓰인다. 흑자, 적자와 상관없이 동일하게 기부된다. 12명의 위원회 사람들이 이 금액을 어떻게 나누어 사용할지를 결정한다.

5. 크리스천 고문 위원회 운영 - 타 기업에서 단순히 사업과 행정상의 이슈들만 다루는 위원회와는 달리 제임스는 크리스천 고문 위원회를 따로 두고 있다. 중요한 사업상 거래 등에 대해서 토론하고, 성경적인 원칙을 어떻게 적용 시킬 수 있을 것인지를 논의한다. 현재 3명의 위원으로 구성되어 있으며 작은 안내책자를 발행해 크리스천 고문 위원회가 하는 일을 소개한다.

6. 제임스 디스모어는 '킹덤 웨이 컴퍼니'라는 비영리 조직을 만들어 벤쿠버와 캘리포니아, 미네아폴리스, 미네소타 등을 순회하며 기업들을 도와주고 있다. '킹덤 웨이 컴퍼니'은 다른 기업들이 재정적으로, 행정적으로, 사회적으로, 영적으로 더욱 성공할 수 있도록 조언을 해준다. 또한 약 200여개의 기업들에게 무료로 사문을 해주고 있고, 대부분의 경우, 비행기값을 포함한 경비를 '킹덤 웨이 컴퍼니'에서 자체적으로 해결한다.

7. 위원 기도 모임 운영 - 매주 수요일 아침 8시부터 9시까지 기도모임이 열린다. 5명의 부사장들과 CEO는 서로 진행을 번갈아가며 맡아 하고 회사의 이슈들을 놓고 서로 토론하고 기도한다.

8. 정기적으로 열리는 직원 간담회에서 짧은 기도를 한다. 매월 2번째 주 화요일, 오후 2시 45분부터

3시 45분사이에는 직원 간담회가 열린다. 그 후 15분간 원하는 직원들끼리 남아 기도회를 한다. 약 절반가량의 직원들이 이 시간까지 남아 참석한다. 그 수는 점점 더 늘어나고 있다. 직원들의 60%는 기독교인들이다. 위원회 멤버들이 이 기도모임을 번갈아 가며 맡아 하고 있다. 간증을 포함하기도 하고, 성경구절을 함께 찾아보기도 한다.

9. 6쪽 짜리의 킹덤 웨이 컴퍼니 브로셔를 제작하여 하나님의 원칙을 실행할 수 있는 사업 방법을 소개한다.

13) 하나님께서 바로에게로 가기 원하셨을 때, 왕족 출신인 모세를 선택하셨다. 그리고 하나님께서 관료와 왕에게 가길 원하셨을 때는, 지식이 많고 종교적 열심이 있었던 사울(바울)을 선택하셨다.

14) 남아공의 한 사람은 이집트에 들어가 복음을 전하기 위해 조국에 있는 자신의 타조농장을 이집트로 옮기기로 결정했고, 이후 그대로 실행했다.

15) Jorg Knoblauch and Jurg Opprech, 203-205.

5장 크리스천 사업가에게 주시는 하나님의 능력들

1) 비즈니스는 환경의 청지기 역할을 장려한다. 비즈니스는 마음만 먹는다면 더 나은 환경의 청지기가 되게 할 수 있다. 또한, 끊임없이 자연과 새로운 관계 형성에 관여한다. 비즈니스는 제작할 제품과 제공할 서비스의 형태와 위치선정, 제작 방식, 사용할 자원, 그리고 폐기물 처리에 관한 결정을 통해 청지기 직을 수행하게 된다(2004 로잔보고서 59번).

2) 하나님의 선교를 이루는 데 있어서 두 개의 큰 틀은 수직적 선교와 수평적 선교이다. 수직적 선교가 영혼 구원에 집중한다면, 수평적 선교는 하나님의

구체적인 사랑을 전하기 위해 그들의 경제적, 사회적, 영적 필요를 채워 주는, 하나님의 뜻을 실천적으로 이루는 사역이다. 역사적으로는 수직적 선교를 더 강조했다. 수평적 선교는 경제를 포함한 다양한 매개체를 통하여 이 땅에 하나님의 나라를 실현하면서 하나님의 사랑을 구체적으로 전하는 사역으로 수직적 선교보다 매우 근자에 등장한 다차원적 선교이다. '총체적 선교'는 수직적 선교와 수평적 선교를 통합한 것으로 그리스도인이 모든 자원을 총력화하여 개인의 영혼 구원과 사회구원을 도모하는 총체적 사역이다. 크리스천 사업은 비즈니스 선교(사역)로 총체적 선교의 매우 효과적인 도구이자 하나님이 이 땅의 백성을 사랑하시는 핵심 전략이다(Harry Kim, 〈크리스천 사업가와 BAM〉, 198~199).

3) 위의 책, 199.
4) '바라크'는 하나님의 축복을 나타내는 가장 일반적인 단어로 인간의 선행과 관계없이 창조주 하나님께서 그의 큰 긍휼과 자비로 인하여 인간의 산업과 후손과 육체에 내려주시는 복을 가리키는 데 사용되었다. 그리고 이 단어의 또 다른 특징은 항상 하나님의 언약과 관계가 있다는 점이다(호크마주석).
5) 출 16:4에도 '일용할 것'이 등장하는 데, 마 6:11의 '일용할 양식'과는 의미론적으로 많은 차이가 있다. 마 6:11의 '에피우시온'은 하늘로부터 오는 양식을 의미하고, 출 16:4에 나타난 '일용할 것'은 '하루 동안 먹을 분량의 양식'을 뜻한다.

6장 철학, 원칙, 책임

1) 위의 책, 105~107.
2) 매주 월요일 아침 8시 반부터 9시 반까지 기도 모임과 성경 공부를 한다. 이 모임이 시작된 지 3개월 후 2명의 직원이 마침내 기독교로 개종하였고

현재는 우리 회사 직원 모두 크리스천이 되었다. 우리는 늘 이전 한주에 대해서 주님께 감사하고 모든 직원을 위해, 고객을 위해, 그리고 우리의 제품과 광고를 위해 기도한다. 기도 후 성경공부를 시작한다. 매주 목요일 직원에게 성경 공부 주제를 던져주면 그들은 토요일과 일요일에 이 주제에 대해서 생각해볼 수 있고 월요일에 함께 그들의 생각을 나눌 수 있다. 또한, 매주 한 번씩 기독교인과 비기독교 상인의 만남이 이루어지도록 우리의 전시룸을 개방한다. 서로 사업상 교제를 하면서 더 많은 영혼을 구원할 수 있기를 바라서이다(에드워드 수).

3) 1998년 타이베이 오버씨즈사의 안내 책자 첫 번째 페이지에 '예수님은 인간의 구원자이시고, 길이요, 진리요, 생명이신 분이시다'라는 글을 실어 150,000 명의 고객에게 배포했다. 타이완에서는 꽤 큰 용기를 내야 하는 일이었다. 이후 타이베이 오버씨즈사는 선교하는 기업으로 알려지게 되었다.

4) 불신자도 돈을 받고 일할 때는 성실하게 일한다. 그러나 그리스도인은 아무 보상도 없는 작은 일에도 적극적으로 임하는 태도를 보임으로써 불신자와 구별되어야 한다. 그리스도인은 다른 세상에서 상급을 받으리란 믿음을 가지고 있어야 한다(어윈 루처).

5) 나는 나와 신앙이 다른 직원을 수용합니다. 나는 나의 신앙에 동의하지 않는 직원을 받아들입니다. 나의 신앙이 회사의 신앙은 아니지요. 이 세상에 그 어떤 회사도 내가 하고 싶은 대로 회사 정책을 결정하도록 놔두지는 않습니다. 내 신앙이 궁금하다면 내 삶을 관찰하십시오(빌 폴라드).

6) 회사에서 사원 복지에 신경 쓰는 것을 회사가 당연히 해야 할 일이라고 말하는 것과, 일을 더 열심히 하도록 만들기 위해 복지에 신경을 쏟다고 말하는 것은 분명히 다르다(존 케이). 또 회사의 가치가 직원을 진심으로 위하는 마음에서 나온 것인지, 숨은

목적이 있어서인지는 직원이 더 잘 안다(데니스 바케).
7) 당신은 지칠 때까지 말할 수 있지만, 당신이 진심으로 자기를 배려하는지 사람은 직감적으로 안다(브리짓 헤이먼드).
8) Jorg Knoblauch and Jurg Opprecht, 77~78.
9) 프란시스 나이젤 리(Francis Nigel Lee)는 창 1:28의 문화명령을 다음과 같이 정리한다.
　① 사람이 세상을 지배하고 땅을 정복하는 것을 의미한다. 말 그대로 만물을 복종시킴으로, 피조계에 대한 인간의 권위를 세우는 것을 의미한다.
　② 사람이 바다의 물고기를 다스려야 함을 의미한다. 이는 단지 물고기를 잡는 것만이 하나님의 영광을 위하는 것이 아니라, 바다 속을 개발하고 물고기를 가공하고 매매하는 등의 모든 일들이 하나님의 영광을 위해서라는 것이다.
　③ 사람이 육축과 온 땅과 땅에 기는 모든 것들을 지배해야 함을 뜻한다.
　④ 아담이 본래의 의미에 따라 모든 동물의 이름을 지었듯이, 이 모든 활동이 조직적이고 체계적으로 수행되어야 함을 의미한다.
　⑤ 하나님의 피조 세계를 조화롭게 개발해야 함을 의미한다. 이는 조경, 윤작, 생태학적 농촌 계획, 도시 계획, 교통 문제 등도 포함됨을 의미한다.
　⑥ (에덴) 동산을 지키고 수호하는 일은 환경을 정비하는 일을 포함한다. 죄가 세상에 들어온 후 세균과 같은 오염과 싸우고, 하수 시설을 정비하며, 죄와 그 결과에 대해서도 지배권을 행사해야 한다.
　⑦ 사람이 공중의 모든 새를 지배해야 함을 의미한다. 이는 공중 전체를 지배하는 것을 뜻한다.(Francis Nigel Lee〈성경에서 본 인간〉, 133)

7장 사업은 관계이다

1) "영어에 있어서, 고유 명사를 제외하고 가장 중요한 단어는 관계입니다. 당신은 사랑이 가장 중요한 것이 아니냐고 반문할 것입니다. 그에 대해서 나는 당신에게 또 묻습니다. 만일 관계라는 것이 전혀 존재하지 않는다면 어떻게 사랑이 이루어질 수 있겠습니까? 관계는 선로입니다. 그리고 사랑은 그 위를 굴러가는 것입니다. 사랑은 관계를 통하여 움직입니다. 당신의 가장 깊은 열망을 만족하게 해 주는 것은 사람과의 관계입니다." (W. 오스카 톰슨, 〈관계 중심의 전도〉, 나침판, 11)
2) 존 맥스웰, 〈인간관계 맺는 기술〉, 35.
3) 이런 차원에서 보자면 연애는 좋아하는 감정을 불태우는 것이고, 결혼은 행복한 가정을 꾸며 나가자는 사랑을 기초로 한 전적인 헌신(total commitment)이다.
4) 존 맥스웰, 〈인간관계 맺는 기술〉, 37.
5) 위의 책, 48.
6) 1990년의 직장생활에서 결코 배제할 수 없는 부분이던 편안한 동료 관계의 상실은 미래의 일이 드리우는 암울한 특징 가운데 하나다. 인간은 인간관계로부터 큰 영향을 받는다. 우리가 직장생활에서 가장 소중히 여기는 부분이 바로 동료와의 관계다. 왜 회사에서 계속 일하느냐고 물었을 때 흔히 나오는 대답 중 하나가 '회사 사람이 정말 좋거든'이라는 사실도 결코 놀랄 일이 아니다 (린다 그래튼. 조성숙 역, 〈일의 미래〉, 생각연구소, 94~95).
7) 다니엘 라핀, 〈부의 비밀〉, 60.
8) 사람과 사람 사이의 거리감이라고 할 수 있다. 상대가 누구냐에 따라 이 거리는 다르다. 어떤 이와는 가까이 있고 싶고, 또 어떤 이와는 거리를 꽤 두고 싶어 하는 그런 심리적 공간이다.

9) David Shibley &Jonathan Shibley, 101~104.
10) 위의 책, 109~111.

8장 돈과 이익

1) 위의 책, 19.
2) 위의 책, 20~21.
3) 창 15:1.
4) 딤전 6:6.
5) Richard Swenson의 글, David Shibley & Jonathan Shibley, 20에서
6) 잠언 23:5.
7) 빌 4:11~13.
8) 요 3:16.
9) 요일 3:16.
10) 출 20:16.
11) 롬 13:8.
12) 시 35:27.
13) http://www.hani.co.kr/arti/international/international_general/790031.htm
14) 〈남자의 일곱 시기들 The Seven Seasons of Man's Life〉의 저자
15) Denis O. Tongoi. 〈Mixing God with Money〉, Bezalei Investments LTD. 21~22.
16) 딤전 6:10
17) David Shibley & Jonathan Shibley, 12~14.
18) 창 15:1
19) 빌 4:19.
20) 사업의 진정한 가치는 상품과 서비스로 다른 사람을 섬기는 데 있다. 이러한 목적이 올바로 달성되면 그 과정에서 이익도 생긴다, - 중략- 이익이 없으면 사업도 할 수 없다. 이익은 고용원과 투자자를 보호하는 수단이다. 이익이 없으면 기업이 성장하지 못한다. 이익은 좋은 것이며

그만큼 유용한 상품과 서비스를 제공했다는 증거이지, 다른 사람의 돈을 착취한 것이 아니다. 상품과 서비스가 가격에 비해 사람에게 유용하면 할수록 더 많은 가치기 창출되고 더 많은 이윤이 남는다. 다시 말해서 이익이란 인류에게 더 많이 기여할 수 있게 하는 수단이며, 회사가 건강하게 성장하도록 돕는 요소이다(〈비즈니스 미션〉, 317).

21) 사실 사업의 유지와 성장을 위해 이익의 극대화에 초집중하는 것이 엄연한 현실이다. 그러나 투자자의 이익을 극대화하기 위해 사업이 존재한다는 생각과 시스템은 1970년대 이후에 생긴 것이다. 그 이전에 존재하던 회사는 사업에 대한 기초적인 이해가 달랐다. "이익의 극대화"는 역사적으로 보았을 때 아주 최근에 생겨난 아주 파괴적인 현상이다. (제프 반 듀저)

22) 돈 폴로우라의 주장대로, "우리가 살려면 피가 필요하지만 피를 위해 사는 것이 아니다. 사업이 생존하려면 이익이 필요하지만, 사업은 단순히 생존을 위해 존재하는 게 아니다." 사업은 인간의 경험을 지탱해 주고 증진해 주는 재화와 서비스를 생산하기 위해 존재한다는 것이다(폴 스티븐스, 232).

23) 이익은 잘 운영되는 사업의 정상적인 산물이고 경영의 효율성을 재는 척도이다. 이익은 정상적으로는 양질의 서비스와 제품에 대한 경제적 보답이다. 이익이 없다면 위험을 감수한 소유자와 투자자에게 수익을 제공하지 못할 것이다. 또한, 미래의 성장을 위해 투자할 자원을 갖지도 못할 것이다. 이익이 없이는 기업이 살아남을 수 없다 (이장로 교수).

24) 이익은 좋은 것이며 그만큼 유용한 상품과 서비스를 제공했다는 증거이지, 다른 사람의 돈을 착취하는 것이 아니다. 상품과 서비스가 가격에 비해 사람들에게 유용하면 할수록 더 많은 가치기 창출되고 더 많은 이윤이 남는다. 다시 말해서 이윤이란 인류에게 더 많이 기여할 수 있게 하는

수단이며, 회사가 건강하게 성장하도록 돕는 요소이다. (켄 엘드레드)

25) 2004년 로잔의 No.30. Business as mission 이슈 그룹 연구 보고서 '59'

26) Dennis peacocke

27) "이익은 하나님께 영광을 돌리고 사람의 성장을 돕는다는 우리의 최종 목표를 이루기 위한 도구다. 우리는 수익을 자기 배 불리기라는 악이 아니라 책임이라는 선으로 여긴다. 우리는 그런 마음가짐으로 경제를 다루고, 수익을 낳는 일을 돌본다." (윌리엄 폴라드. 〈크리스천 경영의 달인〉, 31)

28) Jorg Knoblauch and Jurg Opprecht, 189.

29) 나는 기업이 반드시 이익을 창출해야 한다고는 생각하지 않는다. 기업은 기업에 몸담은 사람이 성장할 때 함께 성장할 것이다. 이익과 성장은 기업의 운영과정에서 나오는 산물이다. 우리는 그동안 생산 중심의 사회로 치달았다. 경제 시스템이 잘 돌아가게 하려고 우리는 생산한 모든 것을 소비해야 했다. 과연 우리가 경제 성장이라고 말하는 것은 끊임없이 물건을 생산하고 소비하는 것일까? 정말 그것이 전부인가? 진정한 성장에는 물건을 생산하고 소비하는 것 이상의 의미가 담겨있다. 진정한 성장은 단순히 경제 성장을 말하는 것이 아니다. 그것은 인격적이고도 인간적인 성장이다(롤프 오스터버그).

30) 2001년 그의 회사는 신교사업에 35억 원을 사용했다.

31) Jorg Knoblauch and Jurg Opprecht, 13~14.

9장 실패와 성공

1) 〈A Mann's Guide To Work〉, 153~161
2) '실패하는 CEO 8가지 특징', 2001년, LG경제연구원,

3) Robert H. Schuller, 〈The Inspirational Writings〉, Inspirational Press, 98~99.
4) 고야마 노부로, 〈삼류 사장이 일류가 되는 40가지 방법〉, 159~160.
5) 그러나 규모가 성공을 보장하지는 않는다. 규모를 키우려고 하면 할수록 힘도 많이 들고 유지도 어려워진다. 모든 사업과 조직은 적절한 규모를 가져야만 하고, 그래야만 효율을 높일 수가 있다. 아름답고 멋진 건물을 소유하기 위해서 얼마나 많은 돈이 필요한 줄 아는가? 성공을 위하여 성장에 대한 거대한 압박에 직면할 때, 이를 극복하기란 참으로 힘든 일이다.
6) 타인을 이용하여 돈을 번다든가 타인의 유익을 취하는 것은 흔한 일이다. 그러나 그리스도인은 모든 사람과 윈-윈 전략(납품자-당신-소비자)을 행해야만 한다. 거래하거나, 계약을 맺을 때 윈-윈 전략은 최선의 결과를 낳는다.
7) 세상에서의 성공을 위하여 일중독에 빠진다거나, 가족을 희생시키는 일을 너무 당연시하고 있다. 이는 가족을 파괴하려고 하는 마귀의 전략이다. 만약 사탄이 성적 범죄와 같은 직접적인 죄를 범하지 않는다면 사탄은 우리가 가족을 기진맥진하게 하거나 무시하게 함으로써 가족관계를 깨뜨리려 할 것이다. 그러므로 크리스천에게는 가족이라든가, 자기가 속한 그룹에 책임을 다하여 관계를 건강하게 유지하는 것이 성공보다 중요하다.
8) 그러다 보니 어떤 회사는 사람보다 시스템을 더 중시여기는 부정적인 현상도 있다. 그러나 성공적인 회사 운영, 비즈니스, 일을 하려면 하나님께서 그러하셨듯이 모든 사람의 가치를 인정해야 한다.
9) 우리가 하나님의 마음을 가지고 있다 할지라도, 재정적으로 성공한 그리스도인에게 "얼마면 충분한가?"하는 갈등이 생긴다. 재정적 충분함에 도달하기 위하여 사람은 늘 목표를 상향 조정한다.

잠언서는 부의 함정에 대해 많이 이야기하고 있다. "적은 소득이 의를 겸하면 많은 소득이 불의를 겸한 것보다 나으니라"(잠 16:8). 크리스천 사업가는 부에 대한 탐욕에 빠지면 안 된다. 그건 온 천하를 얻으려 생명을 잃는 것과 같다(막 8:36).

10) Kent Humphreys, 〈Lasting Investment〉, 87~97
11) 댄 밀러는 7개 영역에서 조화로운 성공을 주장한다. 7개 영역의 성공은 '사회적 성공', '재정적 성공', '자기 계발', '영적 성공', '건강함', '건강한 가족', '직업에서의 성공' 등이다. (Dan Miller, 〈No More Mondays〉, Doubleday, 2008, 227~228.)
12) 위의 책, 227~228.
13) Myron Rush, 89~103
14) 하나님의 관점에서 사람은 가장 중요하다. 모든 일에서 사람을 가장 소중히 여기기를 주저해서는 안 된다. 그래야만 하나님께서 당신의 사업을 자유롭게 사용하셔서 일터의 사람에게 다가가시고, 또 상업을 통제하려는 사탄을 억압하신다.
15) 흩어 구제하여도 더욱 부하게 되는 일이 있나니 과도히 아껴도 가난하게 될 뿐이니라. 구제를 좋아하는 자는 풍족하여질 것이요 남을 윤택하게 하는 자는 윤택하여지리라.
16) 또 하나님은 교회와 선교단체에 기부하는 것은 물론, 주변의 가난한 이들을 도와야 한다고 명하신다. 가난한 이들과 절박한 이들을 돕는 것은 우리의 의무이다. 우리가 이 의무를 지키는 것은 탁월한 투자이다. 하나님께서 우리가 가난한 이들에게 투자한 돈에 대한 이자를 넘치도록 주시기 때문이다. 이는 사실, 하늘에 보화를 쌓는 것이다(딤전 6:17~19).
17) 롭 무어, 〈레버리지〉, 다산, 67.
18) David Shibley & Jonathan Shibley, 120~122.

10장 크리스쳔 사업가가 피해야 할 6가지

1) 위의 1~4번은 졸저 〈일터@영성〉 9~14쪽의 내용이다.
2) 일중독은 기독교 사역에서도 나타난다. "목회자가 가장 극심한 일 중독자인 경우가 종종 있다. 그러나 그들이 하는 일이 무엇이든-선하든 나쁘든 간에- 핵심은 일 중독자가 일에 중독되어 있다는 것이다."
3) 폴 마샬, 〈천국만이 내 집은 아닙니다〉, IVP, 111~112.
4) 위의 책, 111~112
5) Daniel Yankelovich의 보고에 따르면 미국 총노동자의 13%만이 자기의 일에서 의미를 느끼고 있으며, 7,000개 회사의 350,000명의 종업원을 대상으로 조사한 바에 따르면 20%만이 자신의 직업에서 재능을 잘 활용하고 있는 것으로 보고 있다. 그런데 이런 일은 고용주만 책망할 일도 아니다. 사람은 자기에게 맞지 않는 직업이나 소명을 택하는 실수를 거듭해서 하거나, 자기 진로 개척하는 과정에서 실수한다. 다음이 그런 경우이다. 첫째, 처음부터 부여받지 않은 기술이나 재능을 계발하려 하는 경우이다. 둘째, 자기가 잘하는 영역을 집중적으로 개발하기보다는 약점이나 단점이라고 여기는 부분을 고치려는데 지나치게 관심을 쏟는 경우이다.
6) 도시화 이후 '일터-교회-집' 사이의 거리가 멀어지면서 일터의 삶과 교회에서의 신앙, 집에서의 삶이 분리된 현상을 말한다.
7) 월키 오, 〈마음의 길을 통하여〉, 67~68.
8) Doug Sherman-William Hendricks. 〈Your Work Matters To God〉. NavPress. 19.
9) 위의 책. 25~32.
10) 위의 책. 33~45.
11) 댄 밀러, 73.

11장 크리스천 사업가를 위한 10가지 도움말

1) Kent Humphreys, 〈Last Investmens〉, 71~85.
2) 성도들은 자연스러운 행동의 발로로 '교회 일'에 몰두하는 것을 그만두고, 전통적 전도, 목회, 혹은 선교 사역에 들인 동일한 열심으로 농장일, 산업, 법률 공부, 은행일, 저널리즘 등의 거룩한 명령을 받아들여야만 한다. (달라스 윌라드)
3) 달라스 윌러드, 〈The Spirit of the Disciplines: Understanding How God Changes Lives〉 (SanFrancisco: HarperCollins Publishers, 1991), 214. 오스 힐먼, 〈일터사역〉, 214에서 재인용.
4) 위대한 교인(church man)이라고 해서 그가 반드시 그리스도의 위대한 제자이지는 않다. 위대한 교인이 전국의 교회를 다니며 사역을 하고 교회 내에서도 가장 활동을 많이 하고, 헌금도 가장 많이 하는 이유는 자신이 출석하는 교회에서 가장 오랜 시간을 보냈기 때문이다. 그들의 영적인 상태는 오히려 대단히 냉담할 수도 있다. 그들의 행위만으로 영적 내면을 들여다볼 수는 없다. 이런 이유로 우리는 특정인들을 칭송하는 우를 범하기도 한다(Meguiar).

부록 크리스천 사업가의 21가지 사역 방법

1) Kent Humphreys, 108~111.

아보다
크리스천 사업가를 위한 가이드

2017년 9월 15일 1판 1쇄 발행
2017년 9월 20일 1판 1쇄 발행

지은이 | Harry Kim
펴낸이 | 이병일
펴낸곳 | 더메이커
전 화 | 031-973-8302
팩 스 | 0504-178-8302
이메일 | tmakerpub@hanmail.net
등 록 | 제 2015-000148초(2015년 7월 15일)

ISBN | 979-11-87809-14-2 (03230)
ⓒ Harry Kim, 2017

이 책은 저작권법에 따라 보호받는 저작물이므로 무단전재와 무단복제를 금지하며
이 책 내용의 전부 또는 일부를 이용하려면 반드시 저작권자와 더메이커의 서면 동의를 받아야 합니다.
잘못된 책은 구입한 곳에서 바꾸어 드립니다.

이 도서의 국립중앙도서관 출판예정도서목록(CIP)은 서지정보유통지원시스템 홈페이지
(http://seoji.nl.go.kr)와 국가자료공동목록시스템(http://www.nl.go.kr/kolisnet)에서
이용하실 수 있습니다.(CIP제어번호: CIP2017022456)

크리스천 사업가를 위한 가이드

아보다 AVODAH